FILATELIA COSTA RICA

TRADICIONES NAVIDEÑAS

Título: Filatelia Costa Rica – Tradiciones Navideñas

Autor: Dr. Hugo Velásquez Ormeño

Portada: Autor

Diseño: Autor

Revisión: Autor

ISBN: 9798304262361

Edición Diciembre, 2024

.

PREFACIO

En Costa Rica, la Navidad es una época de reflexión y celebración religiosa. Las iglesias católicas organizan misas y novenas en honor a la Virgen María y al nacimiento de Jesús. Durante estas celebraciones, se entonan villancicos y se recuerda el significado espiritual de la Navidad. Entre las tradiciones navideñas tenemos:

- La colocación de árbol de Navidad, suele ser un ciprés o un pino, decorado con adornos y luces para darle un ambiente festivo al hogar.
- El Pasitos Navideños que consiste en armar un modelo a escala del portal de Belén y el pesebre en el hogar. Las familias costarricenses dedican tiempo y esfuerzo en recrear cada detalle del nacimiento de Jesús, utilizando figuras de cerámica, musgo y otros elementos decorativos para dar vida a la escena.
- La decoración con luces y adornos navideños. Durante la temporada, es común ver barrios enteros iluminados, creando un ambiente mágico y festivo.
- Las festividades: Festival de la Luz, que se celebra en la capital, San José, y consiste en un desfile con carros alegóricos iluminados y música en vivo. Otros eventos incluyen la Fiesta de la Yegüita, con danzas y música típica, las Luminarias, la celebración de la Inmaculada Concepción, la Entrada de los Santos, y el desfile de los Boyeros. En los pueblos pequeños también organizan desfiles, festivales, corridas de toros, rodeos y fiestas elaboradas para disfrutar en familia.
- Las celebraciones religiosas: misas, novenas, procesiones y montaje de pesebres.
- La gastronomía tradicional: Durante estas fechas, es común disfrutar de platillos típicos como el tamal, el lechón asado, el arroz con pollo, la ensalada rusa y el rompope, una bebida tradicional a base de huevo, leche, azúcar y alcohol. Estos alimentos se comparten en familia y son parte fundamental de las celebraciones de Nochebuena y Navidad.

En resumen, las tradiciones navideñas en Costa Rica se centran en la familia, la fe religiosa y la celebración a través de luces, decoraciones y una variedad de eventos festivos. Estas costumbres hacen que la Navidad en Costa Rica sea una experiencia inolvidable para quienes la viven.

Los primeros sellos conmemorativos, considerados como los primeros navideños, se emitieron a finales del siglo XIX en Canadá. La viñeta del sello es un mapa del mundo en el que los países pertenecientes a la Commonwealth (la mancomunidad del imperio Británico), estaban en color rojo. Aun cuando la imagen no tiene relación con la festividad, en la parte inferior se muestra la leyenda "XMAS 1898" (Navidad 1898).

El motivo del timbre no era navideño, sino fue emitido para poner en marcha la taza universal de un Penny en todos los países del Commonwealth a partir del 25 de diciembre de 1898 y era un referente de tiempo.

En 1937, Austria saca dos sellos postales, ilustrando una rosa y los signos del zodíaco en ambos lados en color verde y carmesí. No estaba relacionada al festejo, sino con la finalidad de enviar un saludo por el Año Nuevo.

A finales de 1939 y principios de 1940, Brasil emite cuatro sellos postales con los siguientes diseños: los Reyes Magos, una niña y el ángel, un niño y la Cruz del Sur, y una madre con su hijo. Estos fueron creados en Pro a la Infancia, y no por la Navidad como tal.

En 1943, Hungría pone en circulación los primeros tres sellos postales diseñados con motivos enteramente navideños (Pastores y corderos, el pesebre y la adoración de los reyes magos).

Los siguientes sellos de Navidad no aparecieron hasta 1951, cuando Cuba emite dos estampillas, una en verde y otra en carmín, de la flor de pascua y las campanas navideñas.

Posteriormente, Haití, Luxemburgo, España, Australia, Corea y Liechtenstein emitieron sus propias ediciones navideñas.

En 1959, Australia se convierte en el primer país en convertirlo en una tradición anual.

Para la década de 1990, alrededor de 160 administraciones postales emitieron sellos de Navidad, en su mayoría lo incluyeron en su plan anual.

En noviembre de 1962, la Oficina Postal de los Estados Unidos emitió oficialmente la primera estampilla navideña (también conocidas como sellos postales o timbres navideños) y desde entonces se han convertido en algo habitual y muy esperado

Desde 1970, se emiten anualmente dos temas de estampillas navideñas: uno "tradicional" y otro "contemporáneo". Las estampillas tradicionales tienden a estar basados en obras de arte religiosas, mientras que las estampillas contemporáneas suelen tener un tema secular. Muchas de las obras de arte que inspiraron las estampillas tradicionales se encuentran en la Galería Nacional de Arte en Washington, D.C. Para mostrar esta tradición, la Galería Nacional de Arte y el Museo Postal Nacional se han asociado para crear esta exposición en línea, que explora el arte detrás de las estampillas navideñas de EE. UU.

La controversia sobre el lanzamiento de una estampilla que conmemora una fiesta religiosa se pronunció entre los entusiastas de las estampillas. Algunos se mostraron entusiastas, mientras que otros rechazaron la idea de que una agencia gubernamental se asocie con una religión en particular, y hubo quienes se opusieron con vehemencia a la falta de contenido religioso explícito en las estampillas navideñas, considerándolas demasiado comerciales.

La primera estampilla navideña "tradicional" presentaba arte popular: una imagen basada en un pintura de acuarela de una veleta de iglesia de 1840. Para apaciguar a los detractores, la estampilla fue diseñada para ser religiosa y no controvertida porque su tema, el ángel Gabriel, se menciona en los textos sagrados de varias religiones. Sin embargo, la estampilla todavía atrajo la atención y la controversia porque había cierta confusión sobre si la imagen representada era masculina o femenina.

En Costa Rica se emitieron los sellos llamados Sobretasa Pro-Ciudad de los Niños que fueron autorizada por la Ley No. 2291 de 17 de noviembre de 1958. Desde esta fecha, los 1° de diciembre de cada año, esta estampilla se coloca en todas las cartas que circulan dentro y fuera de Costa Rica, desde el 1° al 31 de diciembre. Es un esfuerzo para brindar un aporte económico al proyecto Ciudad de los Niños, una institución privada de bienestar social, sin fines de lucro, ubicada en San Francisco de Agua Caliente de Cartago, fundada en 1958 por el Padre Luis Madina Michelena, agustino asuncionista y encomendada en los frailes Agustinos Recoletos en 1965. Declarada Institución Benemérita de la Promoción Social Costarricense por la Asamblea Legislativa de Costa Rica el 11 de diciembre del 2008. En ella se albergan jóvenes entre 12 y 18 años que provienen en su mayoría de hogares en donde la cabeza de familia es la madre. Desafortunadamente, por directrices superiores dejaron de emitirlos en 2023.

Sin embargo, la primera edición titulada como "Tradiciones Navideñas" no salió hasta 1975 como parte de un sello de Correo Aéreo. De estas se emitieron tres ediciones más (1978 – Costa Rica y la Estrella de Belén, 1979 - Pesebres y 1980 – Madona y el Niño). Estas volvieron a reaparecer como Correo Ordinario en 1983 - Portales, 1984 - Angelitos, 1985 – Estrella de Belén y 2000 – Celebración Navideña. Por lo que el objetivo de este trabajo estuvo enfocado en realizar un estudio de la creación e inspiración de esta interesante serie.

INDICE

I.	Tradiciones Navideñas 1975 - Correo Aéreo	11
II.	Tradiciones Navideñas 1978 - Correo Aéreo	18
III.	Tradiciones Navideñas 1979 - Correo Aéreo	26
IV.	Tradiciones Navideñas 1980 - Correo Aéreo	30
V.	Tradiciones Navideñas 1983 - Correo Ordinario	38
VI.	Tradiciones Navideñas 1984 - Correo Ordinario	47
VII.	Tradiciones Navideñas 1985 - Correo Ordinario	57
VIII.	Tradiciones Navideñas 2000 - Correo Ordinario	59

FILATELIA COSTA RICA
TRADICIONES NAVIDEÑAS

I. Tradición Navideña 1975

Dirección General de Correos de Costa Rica – Departamento Filatélico
Boletín Filatélico No. 43

La nueva emisión de sellos denominada "TRADICIÓN NAVIDEÑA", la cual expresa en obras de artistas nacionales.
Autorizada por resolución de la Junta Filatélica del 17 de junio de 1975.

Fecha de emisión: 08-11-1975
Tamaño de formato: 30 x 35mm. Rectangular vertical. 100 por pliego.
Matasello conmemorativo.
Perforación 11 x 11.
Tipo de goma: Tropicalizada.
Tirada, valores y colores: 2.000.000 sellos de ₡ 0.50   Multicolores
                            1.000.000 sellos de ₡ 1.00   Multicolores
                            150.000 sellos de ₡ 5.00   Multicolores
Valor de la serie: ₡ 6.50
Sobre del Primer día: ₡ 7.50
Diseños: El sello de ₡ 5.00   El Taller de San José Obrero Lote AP126
            El sello de ₡ 1.00   La Navidad y El Cometa   Lote AP126
            El sello de ₡ 0.50   La Visitación   Lote AP126
Pinturas del artista nacional **JORGE GALLARDO GÓMEZ**
Sistema de impresión: Offset
Casa impresora: Casa Gráfica Ltda., San José

Tradición Navideña 1975. Cuadros de Jorge Gallardo Gómez. Correo Aéreo.

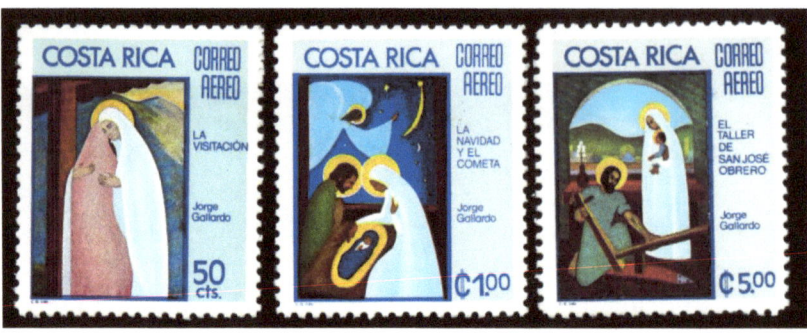

Tradición Navideña 1975	La Visitación	La Navidad y El Cometa	El taller de San José Obrero
Código Catalogo	**Michel:** CR 928 **Stamp Number:** CR C649 **Yvert et Tellier:** CR PA636 **Stanley Gibbons:** CR 1014 **Scott:** C649	**Michel:** CR 929 **Stamp Number:** CR C650 **Yvert et Tellier:** CR PA637 **Stanley Gibbons:** CR 1015 **Scott:** C650	**Michel:** CR 930 **Stamp Number:** CR C651 **Yvert et Tellier:** CR PA638 **Stanley Gibbons:** CR 1016 **Scott:** C651
Tema	Navidad | Pinturas | Religión | Santos	Cometas | Estrellas | Navidad | Pinturas | Religión | Santos	Artesanía | Navidad | Pinturas | Religión | Santos
Fecha de emisión	08-11-1975	08-11-1975	08-11-1975
Tamaño	34 x 39 mm	34 x 39 mm	34 x 39 mm
Colores	Multicolor	Multicolor	Multicolor
Imprenta	Casa Grafica, San José	Casa Grafica, San José	Casa Grafica, San José
Formato	Sello	Sello	Sello
Emisión	Correo Aéreo	Correo Aéreo	Correo Aéreo
Marca de agua	Ninguna	Ninguna	Ninguna
Perforación	línea 10¾	línea 10¾	línea 10¾
Impresión	Litografía offset	Litografía offset	Litografía offset
Valor facial	50 ¢ - Centavo Costarricense	1 ₡ - Colón Costarricense	5 ₡ - Colón Costarricense
Puntuación	33% Precisión: Media	42% Precisión: Media	67% Precisión: Media
Variantes	Ninguna	Ninguna	Ninguna

Jorge Gallardo Gómez (1924 – 2002)

Jorge Gallardo Gómez nació en San José el 12 de diciembre de 1924 y falleció el 04 de abril del año 2002. A la vez que trabajaba en el Banco de Costa Rica, obtuvo el título de contabilidad.

En 1948 recibió una beca del Instituto de Cultura Hispánica y se fue a estudiar pintura a España en la Real Academia de San Fernando, en Madrid, durante cuatro años.

Realizó estudios de especialización con una beca ofrecida por el gobierno italiano sobre la pintura mural, en la Academia de San Marcos, en Florencia, y en la Escuela de Bellas Artes de Roma. Estudió en L´Académie de la Grande Chaumière, en París; y dos años en la Academia La Esmeralda en México D.F.

Las obras de este autor se distinguen por la potencia del color, la simplificación de la imagen y la representación de temas como el amor en el núcleo familiar o la pobreza, hizo uso de todo lo aprendido en Europa y lo incorporó a la vida cotidiana, regalando elementos atrevidos a su visión del mundo, no sólo como delator de una realidad cruda del más pobre ser costarricense sino también desde una perspectiva en la que la religión era el mensaje de esperanza para todos los desposeídos.

En 1967 inicia la corriente de pintura titulada por él, "Realismo Cristiano". Editó algunos libros de dibujos y ha recibido algunos premios por sus obras pictóricas. Una de ellas se exhibe en El Vaticano, "La Eucaristía".

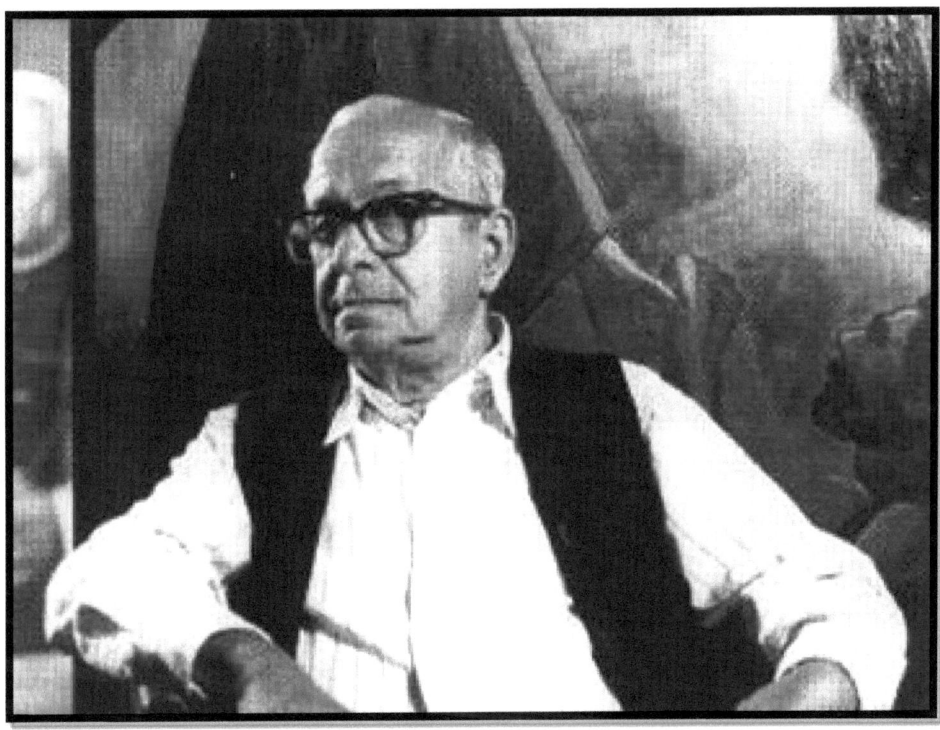

En 1968, publicó su manifiesto de vocación al que llamó "El Arte por la Caridad". Jorge Gallardo Gómez fue un gran maestro de la plástica costarricense y también hizo considerables aportes como escritor. Su formación fue sólida, contando entre sus maestros nacionales; al Pintor Gonzalo Morales, Maestro de la Escuela Académica de Arte Costarricense y al Maestro Daniel Vázquez Díaz (incluido dentro de la Pinacoteca de los genios españoles) de la Real Academia de Bellas Artes de San Fernando, Madrid - España.

Su aporte es invaluable y sus obras forman parte de las colecciones de arte más importantes del Gobierno de Costa Rica, así como de muchos particulares, tanto nacionales como extranjeros. Fue Premio Nacional «Aquileo J. Echeverría» en Dibujo en 1971 y Premio Nacional «Aquileo J. Echeverría» en Pintura en 1963. Igualmente publicó libros de poesía y de cuento.

Las pinturas empleadas en la serie de Tradiciones Navideñas de 1975 provienen de su exposición: "Quince misterios del Rosario de la Virgen María" (1972) y "Pinturas y dibujos" (1974).

Bibliografía:

- https://artedecoleccioncr.com/artistas/jorge-gallardo/
- https://es.wikipedia.org/wiki/Jorge_Gallardo
- http://heredia-costarica.zonalibre.org/archives/2010/01/jorge-gallardo-gomez-1.html
- http://www.artecostarica.cr/artistas/gallardo-jorge
- https://www.ecured.cu/Jorge_Gallardo_G%C3%B3mez

Sobre del Primer Día

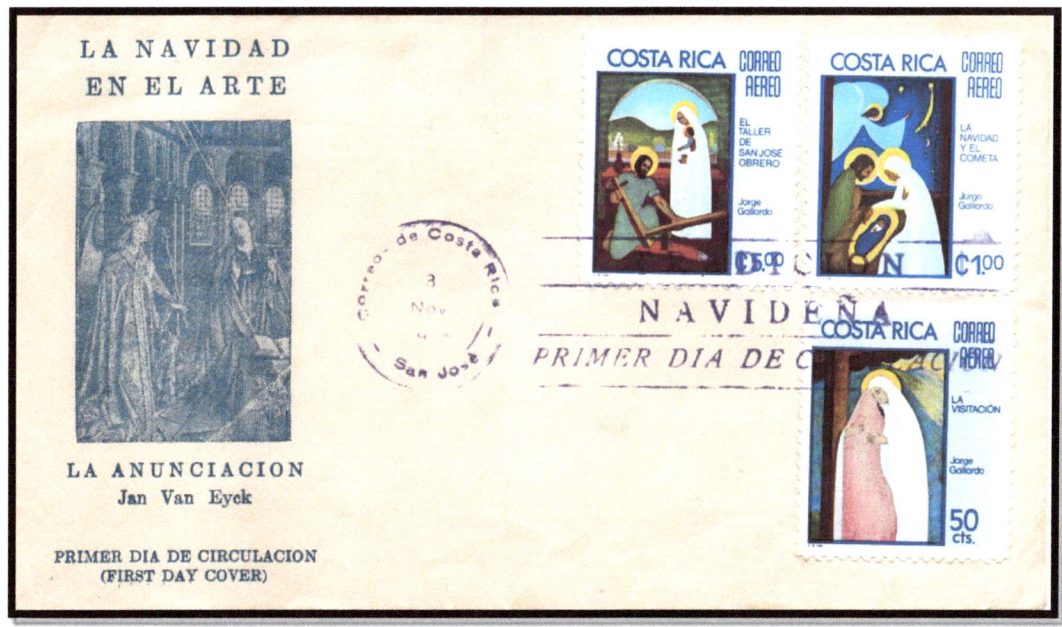

La Anunciación es una obra del pintor flamenco Jan van Eyck. Es una pintura al óleo realizada hacia 1434. Originalmente se hizo sobre tabla pero ha sido transferida a lienzo. Mide 93 cm de alto y 37 cm de ancho. Se exhibe actualmente en la Galería Nacional de Arte de Washington D. C.

El pintor flamenco Jan van Eyck (c.1390-1441), conocido por su mano en la pintura tanto del retablo de Gante como por la pintura conocida como Retrato de Arnolfini. En la pintura vemos las palabras pronunciadas por el ángel, "Ave gratia plena" (salve, llena eres de gracia), así como las pronunciadas por María, "Ecce ancilla domini" (he aquí la sierva del Señor).

La escena, tomada del Evangelio de Lucas, 1:26-38, representa al ángel Gabriel apareciendo a María, y la encarnación de Cristo que desciende sobre ella en forma de siete rayos de luz que penetran a través de una ventana que queda arriba a la izquierda, con la paloma que simboliza al Espíritu Santo.

La pintura es abundante en simbolismo en su conexión del Antiguo Testamento con el Nuevo Testamento. Por ejemplo, la parte superior oscura de la iglesia, con su techo desmoronado en un estilo arquitectónico románico, simboliza el Antiguo Testamento. La parte inferior, de estilo gótico temprano, simboliza el Nuevo Testamento.

Esta fue empleada por vez primera como arte de las estampillas navideñas por la oficina postal de correos de Estados Unidos en 1968.

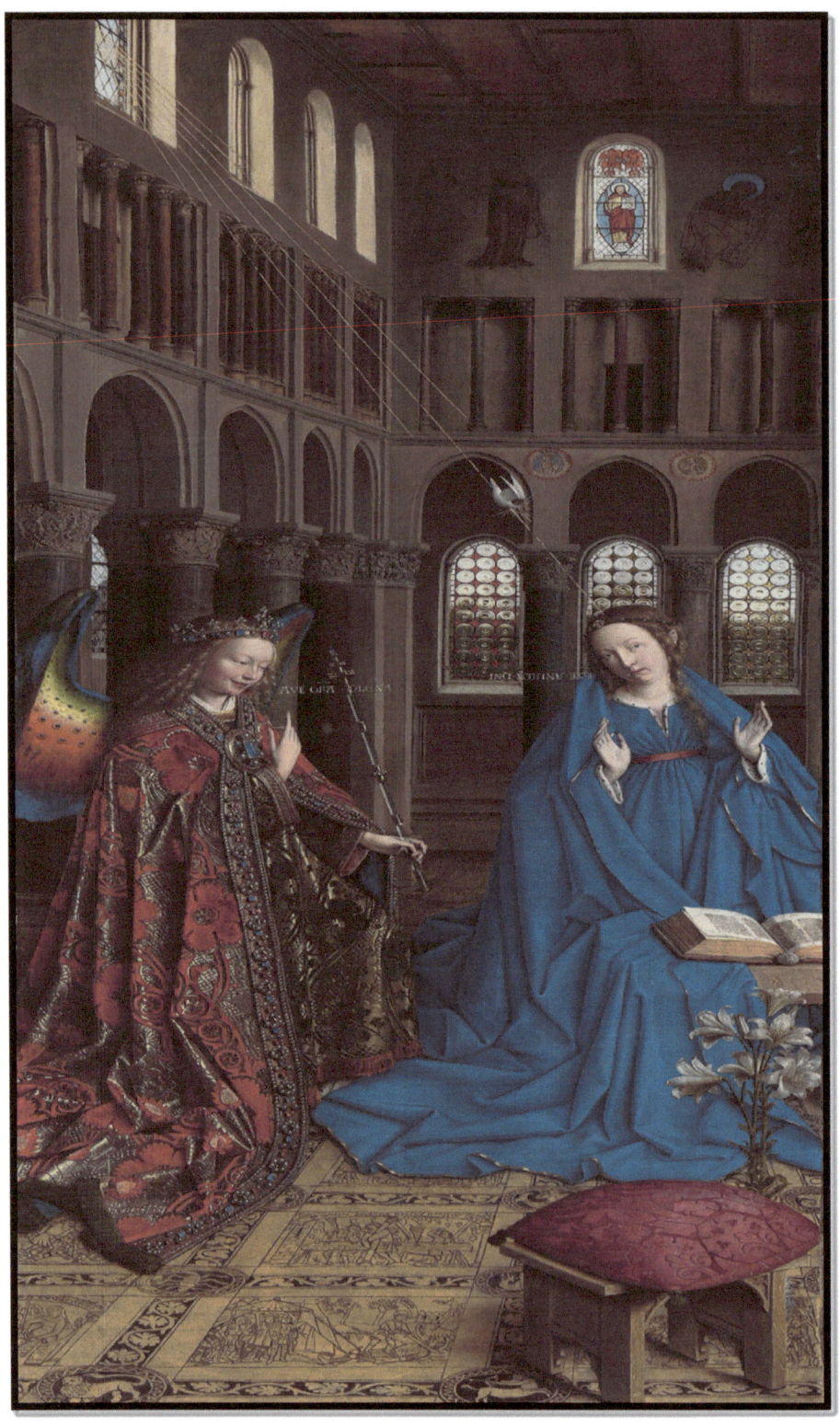

Bibliografía

- Anunciación de Van Eyck | La guía de Historia del Arte
- Anunciación, c.1435 - Jan van Eyck - WikiArt.org
- Anunciación (Van Eyck, Washington) - Wikipedia, la enciclopedia libre
- Hand, J.O., & Wolff, M.: *Early Netherlandish Painting* (catálogo), Galería Nacional de Arte, Washington/Cambridge UP, 1986, ISBN 0-521-34016-0. Artículo pág. 75-86, por Hand.
- Harbison, Craig: *Jan van Eyck, The Play of Realism*, Reaktion Books, Londres, 1981, ISBN 0948462183
- Jan Van Eyck - La Anunciación | National Postal Museum
- Lane, Barbara G.: *The Altar and the Altarpiece, Sacramental Themes in Early Netherlandish Painting*, Harper & Row, 1984, ISBN 0-06-430133-8
- "Van Eyck", *Los grandes genios del arte*, n.º 27, Eileen Romano, Unidad Editorial, S.A., 2005, ISBN 84-96507-03-3

II. Tradición Navideña 1978

Dirección General de Correos de Costa Rica – Departamento Filatélico
Boletín Filatélico No. 75

La emisión de tres sellos para correo aéreo denominada "TRADICIÓN NAVIDEÑA".
Autorizada por resolución de la Junta Filatélica del 07 de marzo de 1978.

Fecha de emisión: 13-11-1978
Tamaño de formato: 30 x 40mm. Rectangular vertical.
30.000 sellos de cada valor en 6.000 plieguitos de 15 unidades (3x5), o sea, 5 series completas formando trípticos. Los sellos restantes impresos individualmente en pliegos de 100.
Matasello conmemorativo.
Perforación 11 x 11.
Tipo de goma: Tropicalizada.
Tirada, valores y colores: 1.000.000 sellos de ₡ 0.50   Azul
                              500.000 sellos de ₡ 1.00   Violeta
                              50.000 sellos de ₡ 5.00   Rojo / Naranja
Valor de la serie: ₡ 6.50
Sobre del Primer día: ₡ 9.00
Diseños: Silueta de Costa Rica cubierta por una estrella estilizada. Común en toda la serie.

Logo: ₡ 0.50 Azul   Gloria a Dios en las Alturas   Lote AP154
       ₡ 1.00 Violeta   y Paz en la Tierra   Lote AP154
       ₡ 5.00 Naranja   a los Hombres de Buena Voluntad   Lote AP154

Sistema de impresión: Offset
Casa impresora: Casa Gráfica Ltda., San José

Tradición Navideña 1978. Correo Aéreo

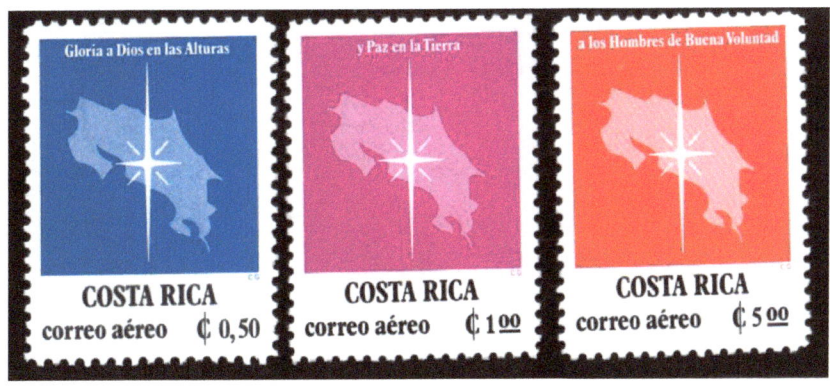

Tradición Navideña 1978	Costa Rica y Estrella (Azul)	Costa Rica y Estrella (Violeta)	Costa Rica y Estrella (Rojo/Naranja)
Código Catalogo	**Michel:** CR 1005 **Stamp Number:** CR C729 **Yvert et Tellier:** CR PA713 **Stanley Gibbons:** CR 1103 **Scott**: C729	**Michel:** CR 1006 **Stamp Number:** CR C730 **Yvert et Tellier:** CR PA714 **Stanley Gibbons:** CR 1104 **Scott**: C730	**Michel:** CR 1007 **Stamp Number:** CR C731 **Yvert et Tellier:** CR PA715 **Stanley Gibbons:** CR 1105 **Scott**: C731
Tema	Navidad | Mapas | Estrella	Navidad | Mapas | Estrella	Navidad | Mapas | Estrella
Fecha de emisión	13-11-1978	13-11-1978	13-11-1978
Tamaño	30 x 40 mm	30 x 40 mm	30 x 40 mm
Colores	Azul oscuro / Negro	Lila azulado / Negro	Rojo / Negro
Imprenta	Casa Grafica, San José	Casa Grafica, San José	Casa Grafica, San José
Formato	Sello	Sello	Sello
Emisión	Correo Aéreo	Correo Aéreo	Correo Aéreo
Marca de agua	Ninguna	Ninguna	Ninguna
Perforación	línea 10½	línea 10½	línea 10½
Impresión	Litografía offset	Litografía offset	Litografía offset
Valor facial	0.50 ₡ - Colón Costarricense	1.00 ₡ - Colón Costarricense	5.00 ₡ - Colón Costarricense
Puntuación	52% Precisión: Media	55% Precisión: Media	82% Precisión: Media
Variantes	Ninguna	Ninguna	Ninguna

Serie Tradición Navideña 1978

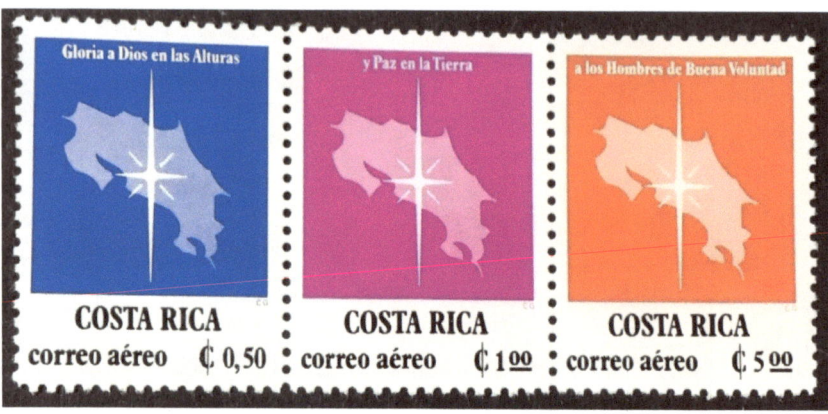

Tradición Navideña 1978	Costa Rica y Estrella
Código Catalogo	**Michel:** CR 1005-1007 **Stamp Number:** CR C731a **Yvert et Tellier:** CR PA713-715 **Stanley Gibbons:** CR 1103a **Scott**: C729-731
Tema	Navidad | Mapas | Estrella
Fecha de emisión	13-11-1978
Tamaño	30 x 40 mm
Colores	Multicolor
Imprenta	Casa Grafica, San José
Formato	Se-tenant (unidos entre sí)
Emisión	Correo Aéreo
Marca de agua	Ninguna
Perforación	línea10½
Impresión	Litografía offset
Valor facial	3*0.50 ₡ - Colón Costarricense
Puntuación	85% Precisión: Muy baja
Variantes	Ninguna

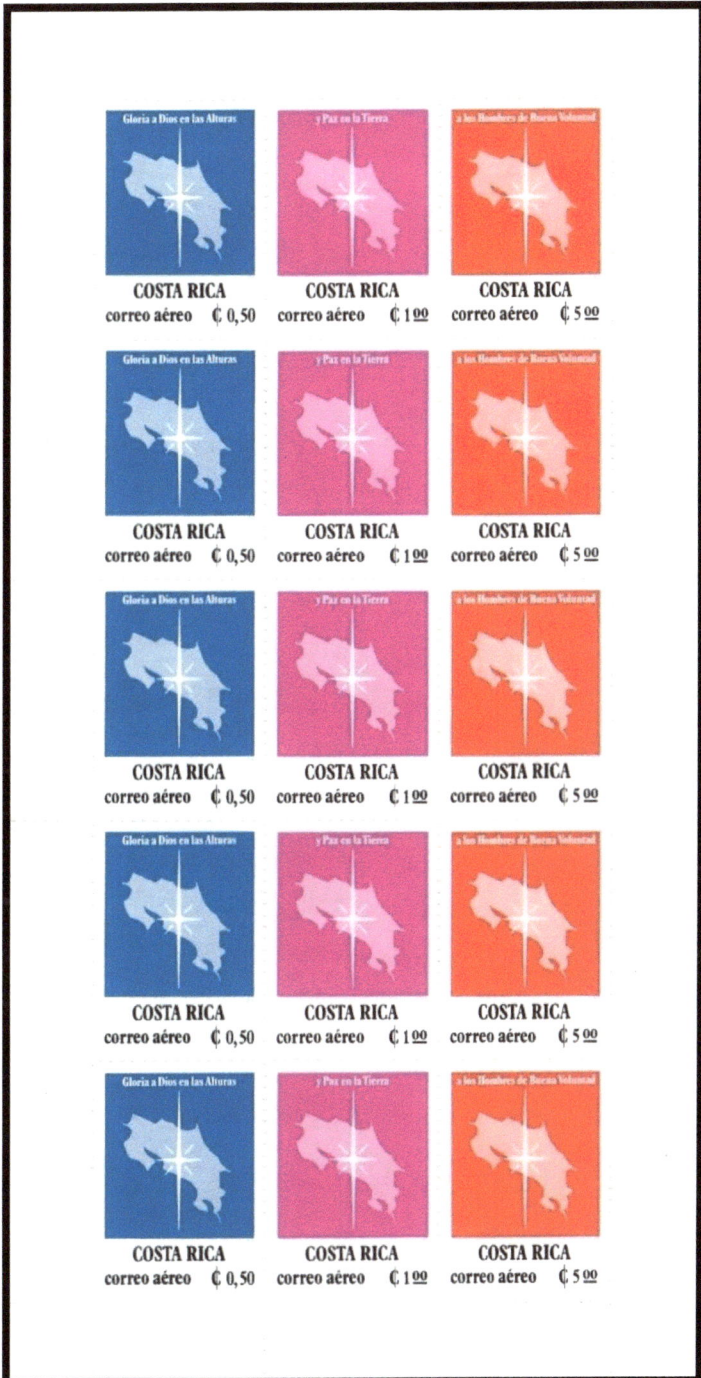

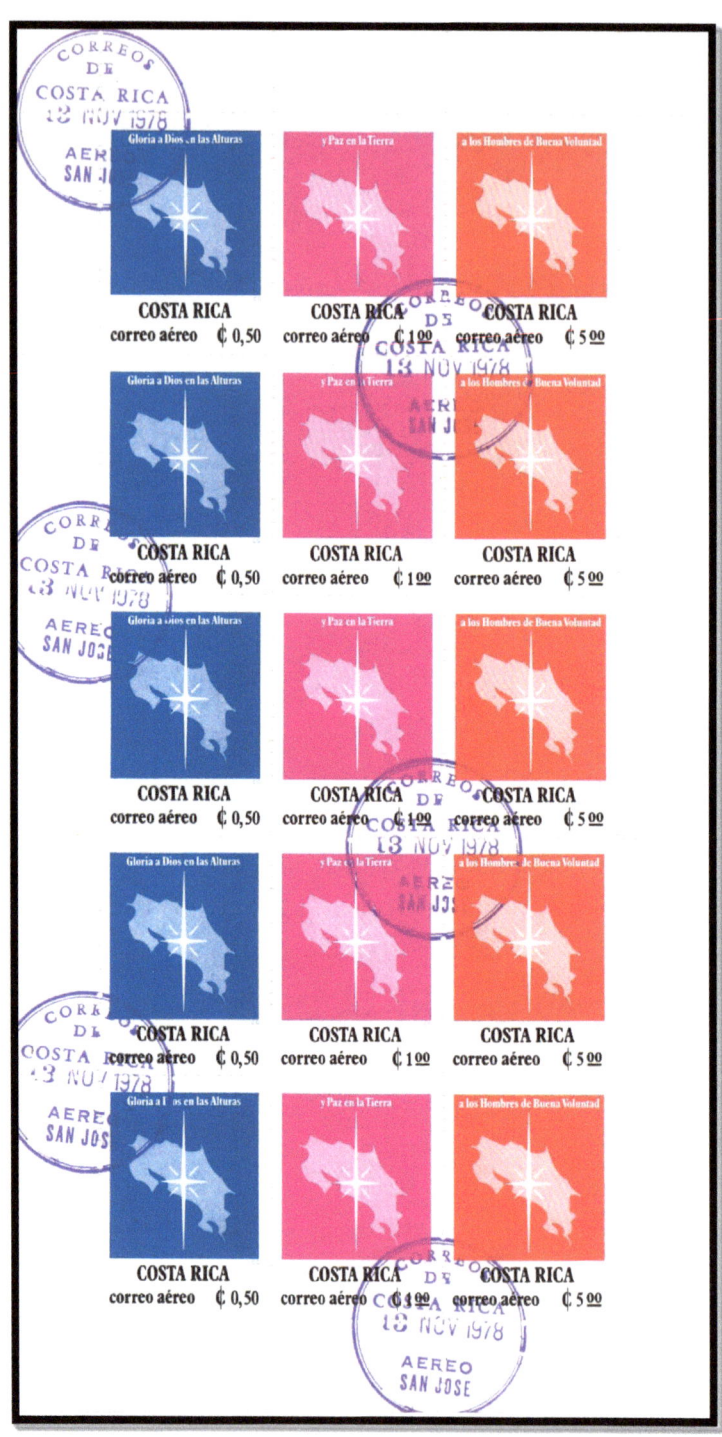

Leyenda de la estampilla

LUCAS 2.8-20 - Los ángeles y los pastores

[8] Había pastores en la misma región, que velaban y guardaban las vigilias de la noche sobre su rebaño. [9] Y he aquí, se les presentó un ángel del Señor, y la gloria del Señor los rodeó de resplandor; y tuvieron gran temor. [10] Pero el ángel les dijo: No temáis; porque he aquí os doy nuevas de gran gozo, que será para todo el pueblo: [11] que os ha nacido hoy, en la ciudad de David, un Salvador, que es CRISTO el Señor. [12] Esto os servirá de señal: Hallaréis al niño envuelto en pañales, acostado en un pesebre. [13] Y repentinamente apareció con el ángel una multitud de las huestes celestiales, que alababan a Dios, y decían:

[14] ¡Gloria a Dios en las alturas,
Y en la tierra paz, buena voluntad para con los hombres!

[15] Sucedió que cuando los ángeles se fueron de ellos al cielo, los pastores se dijeron unos a otros: Pasemos, pues, hasta Belén, y veamos esto que ha sucedido, y que el Señor nos ha manifestado. [16] Vinieron, pues, apresuradamente, y hallaron a María y a José, y al niño acostado en el pesebre. [17] Y al verlo, dieron a conocer lo que se les había dicho acerca del niño. [18] Y todos los que oyeron, se maravillaron de lo que los pastores les decían. [19] Pero María guardaba todas estas cosas, meditándolas en su corazón. [20] Y volvieron los pastores glorificando y alabando a Dios por todas las cosas que habían oído y visto, como se les había dicho.

Bibliografía

- Lucas 2:14-32 NVI - «Gloria a Dios en las alturas, y en la - Bible Gateway

Sobre del Primer Día

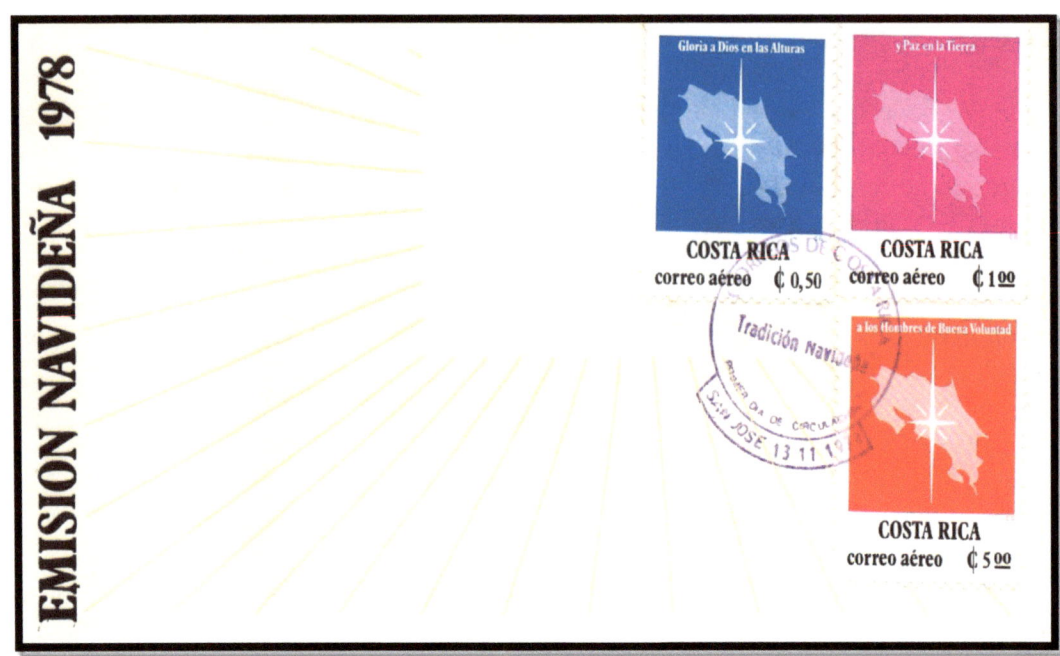

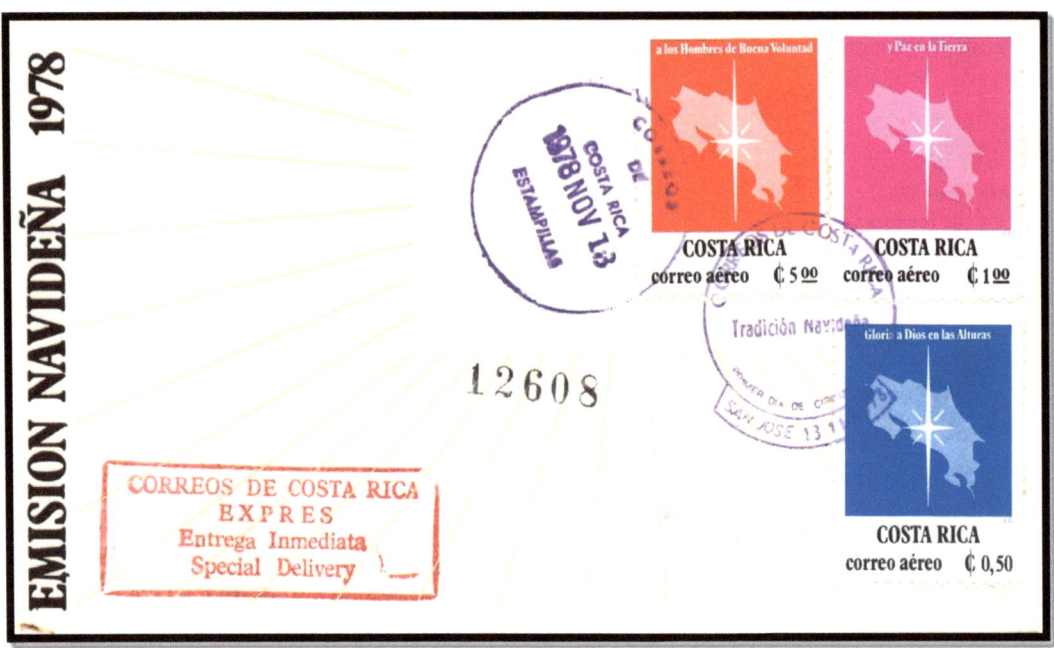

Simbolismo del sobre del Primer Día

Costa Rica en este período (1978), fue quien más estabilidad tuvo, su economía fue orientada hacia la diversificación productiva en busca de mercados internacionales. La vida institucional se rigió por la alternabilidad en el poder a través de elecciones. Tangencialmente Costa Rica tuvo una participación en la guerra de liberación de Nicaragua que acabó con la dictadura de Anastasio Somoza, mantuvo una posición favorable a la insurgencia.

En este período la integración regional comercial "casi desapareció" siendo sustituida por una integración de ideología anticomunista y subordinada al liderazgo de EEUU. La fragilidad de los procesos democráticos en algunos de los países en la región, y los enfrentamientos armados en Guatemala, El Salvador y Nicaragua, tuvo consecuencias que abarcaron a toda la región, se produjo un deterioro de la situación social y el desarrollo de las economías.

Interpretación del sobre del Primer Día, la posición de los sellos en el borde superior derecho con la estrella de Navidad que representa la luz de Cristo, que ilumina el camino a la verdad, a la salvación y a la paz sobre el mapa de Costa Rica. Los rayos de luz trazados en el mismo sobre se usa como un recordatorio de que, aunque el mundo puede estar lleno de oscuridad, hay una luz que guía a las personas hacia un camino de amor, justicia, y perdón. Este concepto de "luz en la oscuridad" es central en la tradición cristiana, y refleja un mensaje de esperanza y redención.

III. Tradición Navideña 1979

Dirección General de Correos de Costa Rica – Departamento Filatélico
Boletín Filatélico No. 92

Emisión de dos sellos denominada "TRADICIÓN NAVIDEÑA".
Autorizada por resolución de la Junta Filatélica, en sesión N° 79-75, de 24 de agosto de 1979.

Fecha de emisión: 16-11-1979
Valores y tirada: 500.000 sellos de ₡ 1.00   Multicolor   Lote AP167
                       100.000 sellos de ₡ 1.60   Multicolor   Lote AP167
Diseño y leyendas: "Pesebre campesino". "Costa Rica". "Correo Aéreo", y la denominación de los valores en números.
Tamaño y formato: 29 x 39mm, incluyendo márgenes y perforación. Rectangular vertical.
Pliegos: 100.000 de ₡ 1.00 en pliegos de 25 unidades
               100.000 de ₡ 1.60 en pliegos de 25 unidades
               400.000 de ₡ 1.00 en pliegos de 50 o 100 unidades
Tipo de goma: Tropicalizada
Valor del Sobre Primer Día: ₡ 3.00
Sistema de impresión: Offset
Casa impresora: Casa Gráfica Ltda., San José

Tradición Navideña 1979. Correo Aéreo

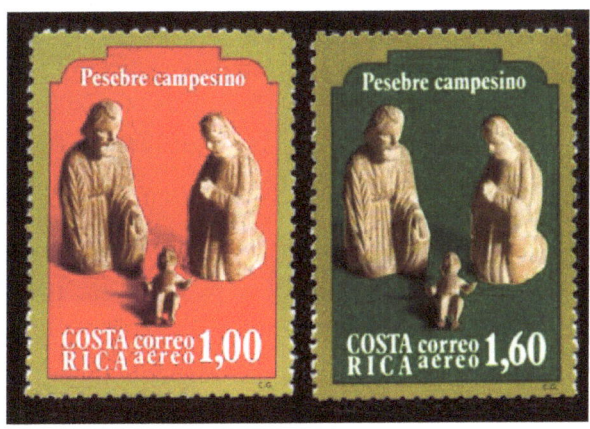

Tradición Navideña 1979	Pesebre campesino (Roja)	Pesebre campesino (Verde)
Código Catalogo	**Michel:** CR 1056 **Stamp Number:** CR C773 **Yvert et Tellier:** CR PA755 **Stanley Gibbons:** CR 1159 **Scott:** C773	**Michel:** CR 1057 **Stamp Number:** CR C774 **Yvert et Tellier:** CR PA756 **Stanley Gibbons:** CR 1160 **Scott:** C774
Tema	Navidad	Navidad
Fecha de emisión	16-11-1979	16-11-1978
Tamaño	29 x 39 mm	29 x 39 mm
Colores	Multicolor	Multicolor
Imprenta	Casa Grafica, San José	Casa Grafica, San José
Formato	Sello	Sello
Emisión	Correo Aéreo	Correo Aéreo
Marca de agua	Ninguna	Ninguna
Perforación	línea 12½	línea 12½
Impresión	Litografía offset	Litografía offset
Valor facial	1.00 ₡ - Colón Costarricense	1.60 ₡ - Colón Costarricense
Puntuación	43% Precisión: Media	62% Precisión: Media
Variantes	Ninguna	Ninguna

El pesebre campesino

El origen de la celebración los portales navideños se remontan a la Nueva España, como un intento de los evangelizadores de crear nuevas instancias festivas en las que incentivar a la población indígena a unirse a la religión católica.

Los pasitos navideños son una tradición costarricense en la cual las familias arman un modelo a escala del portal de Belén y el pesebre. Se celebran recreando la escena de la natividad y colocando las figuritas de Jesús, María, José y los reyes magos.

En Costa Rica, el término pasito hace referencia a las figuras de la Sagrada Familia, los Reyes Magos, el buey la mula, y el ángel de la Anunciación que, en su conjunto, son utilizados para la elaboración del pesebre para conmemorar el nacimiento de Jesús.

El pesebre o belén, tal como se identifica en otros países, en Costa Rica se conoce como "portal", probablemente asociado a la costumbre de las familias campesinas de elaborar el mismo en la sala o portal de la casa. Antiguamente, no había amplia disponibilidad de figuras elaboradas de manera industrial o importadas. La costumbre de las familias rurales era utilizar una estampa policromada, la cual era iluminada con candelas, dado que no disponían de las luces intermitentes y multicolores que en la actualidad es común su venta.

Otras personas, más creativas y haciendo uso de los materiales que abundaban en sus casas, recurrían al barro de olla para formar las figuras, o bien a los olotes y tusas secas para la construcción de las figuras, o bien incorporan elementos como el agua o figuras en movimiento para atraer más la atención de las personas que se acercan a admirar sus obras de arte. La decoración de los portales se hacía con productos diversos, abundando el musgo fresco, plantas ornamentales y frutos tales como pejibayes, naranjas, limones, toronjas, ayotes y cohombros.

Los juguetes de los más pequeños de la casa también formaban parte del portal durante el mes de diciembre. Debido al uso de múltiples objetos, la disparidad en cuanto a proporciones de las diferentes figuras y materiales utilizados hacía que los portales fueran muy vistosos y únicos en cada morada. Entre más grande era el área dedicada al pasito, más reconocimiento se hacía a la familia por su devoción, de tal forma que en la antigüedad era muy común ocupar toda el área de la sala. Debido a que las familias acostumbraban a visitar las casas para admirar los portales, para muchos era más práctico elaborarlos en el corredor o portal de la casa.

La belleza con la cual se elaboran los portales motiva a las comunidades para realizar tradicionales concursos, en los cuales las familias muestran su creatividad y buen gusto en la confección.

En Costa Rica el niño Jesús, no Santa Claus, trae regalos a los niños, por lo que es una tradición importante colocar su estatua dentro del portal antes de ir a misa de Nochebuena.

Bibliografía

- El portal: una tradición arraigada en Costa Rica - La Región
- Tradición del portal navideño sigue vigente en los hogares costarricenses | Ministerio de Cultura y Juventud.
- Tradiciones Navideñas De Costa Rica. Creencias, Rituales Y Comidas – Tradicioness.com

Sobre del Primer Día

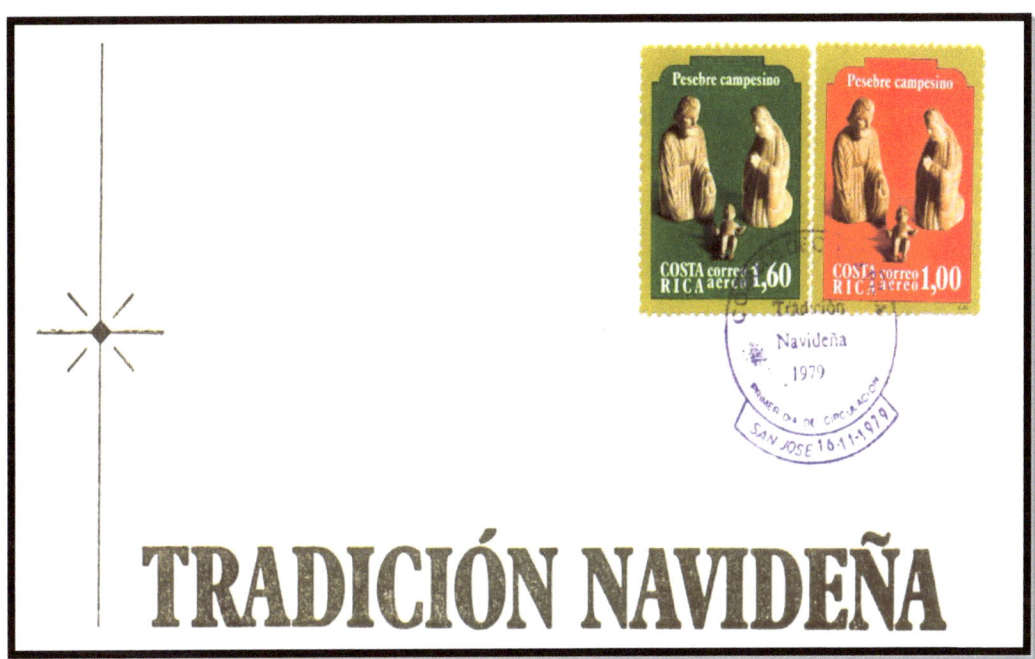

En el sobre del Primer Día se encuentra en su extremo superior izquierdo las dos estampillas correspondientes de la emisión Tradición Navideña. En su lado derecho, se observa la silueta de una estrella estilizada de Navidad que simboliza la fe, la luz que nos guía en nuestro camino hacia Dios. También está asociada con el espíritu de celebración y con las grandes ilusiones.

IV. Tradición Navideña 1980

CORTEL – Correos y Telégrafos de Costa Rica
Boletín Filatélico No. 105

Emisión de sellos denominada "TRADICIÓN NAVIDEÑA".
Autorizada por resolución de la Junta Filatélica, en sesión N° 80-86, de 12 de junio de 1980.

Fecha de emisión: 11-11-1980
Valores y tirada: 1.000.000 sellos de ₡ 1.00   Multicolor   Lote AP178
50.000 sellos de ₡ 10.00   Multicolor   Lote AP178
Tamaño y formato: 30 x 35mm, sin incluir perforación. Rectangular vertical.

Diseño y leyendas:
Ambos sellos tienen impreso en la parte superior la leyenda "COSTA RICA", y en la base y hacia la izquierda "Correo Aéreo", y a la derecha el valor en números. En el centro del sello, tiene la reproducción de pinturas de Rafael, pare el de ₡ 10.00, la titulada "La Madona con el Niño y San Juan", y para el de ₡ 1.00, "La Madona con el Niño"; asimismo, ambas pinturas tienen en sus laterales adornos de navidad. Al pie de cada pintura tienen impreso el título que las identifica. Los colores de fondo son: para el primer sello, blanco y para el segundo, verde claro.

Pliegos:
100 sellos por pliego. Cada pliego en sus bordes blancos tiene impreso el logotipo "CORTEL" en 6 mm de ancho y en 4 impresiones.

Tipo de goma: Tropicalizada
Valor del Sobre Primer Día: ₡ 14.00
Sistema de impresión: Offset
Casa impresora: Trejos Hermanos Sucesores, S.A.

Tradición Navideña 1980. Correo Aéreo.

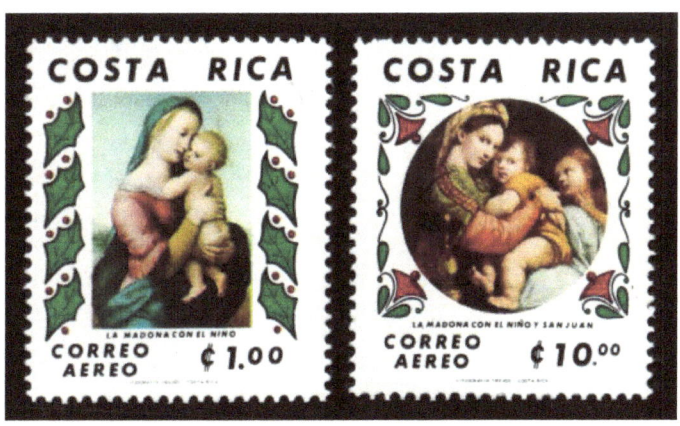

Tradición Navideña 1980	Madonna de la casa Tempi	Virgen de la silla
Código Catalogo	**Michel:** CR 1091 **Stamp Number:** CR C808 **Yvert et Tellier:** CR PA790 **Stanley Gibbons:** CR 1198 **Scott:** C808	**Michel:** CR 1092 **Stamp Number:** CR C809 **Yvert et Tellier:** CR PA791 **Stanley Gibbons:** CR 1199 **Scott:** C809
Tema	Navidad / Arte / Pinturas / Religión	Navidad / Arte / Pinturas / Religión
Fecha de emisión	11-11-1980	11-11-1980
Tamaño	30 x 34 mm	30 x 34 mm
Colores	Multicolor	Multicolor
Imprenta	Litografía Trejos, Costa Rica	Litografía Trejos, Costa Rica
Formato	Sello	Sello
Emisión	Correo Aéreo	Correo Aéreo
Marca de agua	Ninguna	Ninguna
Perforación	peine 13½	peine 13½
Impresión	Litografía offset	Litografía offset
Valor facial	1.00 ₡ - Colón Costarricense	10.00 ₡ - Colón Costarricense
Puntuación	44% Precisión: Media	78% Precisión: Media
Variantes	Ninguna	Ninguna

Rafael Sanzio

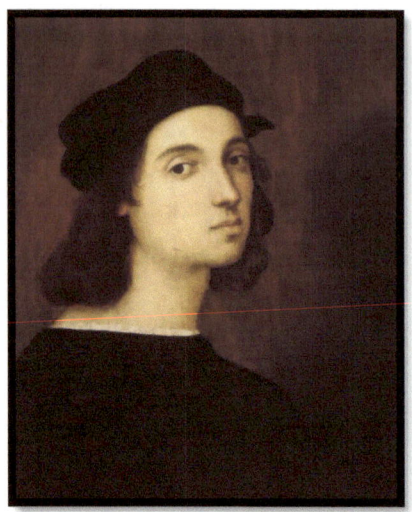

Las pinturas escogidas por la Junta Filatélica fueron del pintor y arquitecto italiano Raffaello Santi, también llamado Rafael Sanzio o Rafael de Urbino; (Urbino, actual Italia, 1483 - Roma, 1520).

Por su clasicismo equilibrado y sereno basado en la perfección de la luz, la armonía en la composición y el dominio de la perspectiva, la obra de Rafael Sanzio constituye, junto con la de Leonardo da Vinci y Miguel Ángel Buonarrotti, una de las más excelsas realizaciones de los ideales estéticos del Renacimiento.

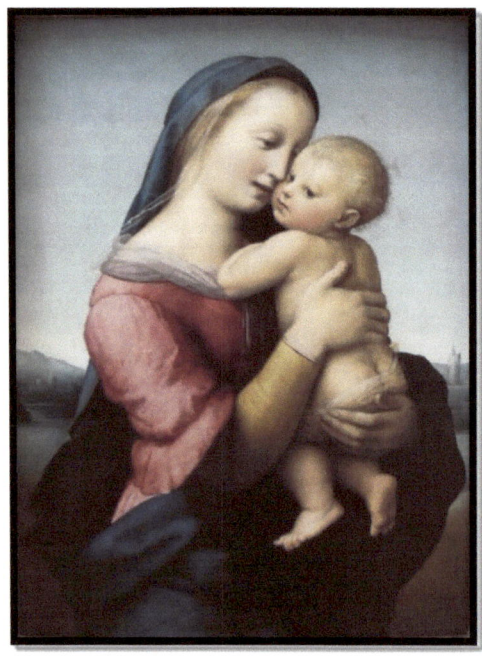

La primera estampilla titulada por la Junta Filatélica de Costa Rica como la Madona con el Niño, es realmente la **Madonna de la Casa Tempi** (en italiano *Madonna Tempi*) una pintura del artista renacentista italiano Rafael Sanzio, que data de 1508. Es una pintura al óleo sobre tabla con unas dimensiones de 75 centímetros de alto y 51 cm de ancho. Se conserva en la Alte Pinakothek de Múnich, Alemania.

Esta *Virgen con Niño* fue pintada para la familia Tempi. Posteriormente, fue comprada por Luis I de Baviera, en 1829. Se encuentra entre las obras de Rafael ejecutadas después del contacto del pintor con el arte florentino.

La pintura expresa un fuerte sentimiento de ansiosa maternidad, enriquecido por una gran conciencia. La Virgen sostiene al Niño Jesús muy cerca de ella, y con gran ternura. Solo tiene ojos para él, pero el Niño mira al espectador, y de esta manera lo atrae a la escena íntima. El color rápidamente aplicado sobre el velo, donde la pintura ha sido modelada con pinceladas mientras aún estaba húmeda, muestra a Rafael usando materiales con mayor libertad que en sus pinturas sobre tabla precedentes.

Las dos figuras están concebidas como un solo grupo, y este hecho domina el impacto visual de la escena. Los únicos elementos naturales son una tira de paisaje y el cielo azul claro en el fondo. El manto hinchado de la Virgen pretende indicar movimiento. La síntesis extrema de los campos de color indica la idealización de Rafael sobre el tema. Pero la necesidad del pintor de belleza formal y realidad emocional en el tema tratado se reconcilian sobre todo a través de la tierna relación entra la Madre y el Hijo.

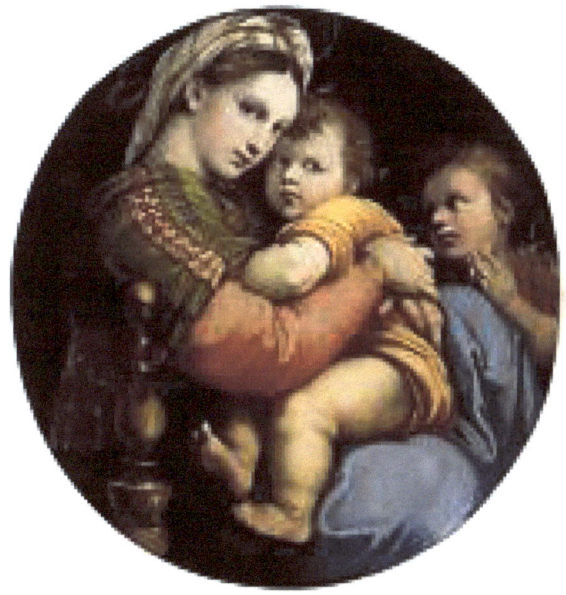

La segunda estampilla titula por la Junta Filatélica de Costa Rica como la Madona con el Niño y San Juan es realmente la ***Virgen de la silla (Virgen con Niño y san***

Juanito) (en italiano *Madonna della seggiola*) es una pintura del artista renacentista italiano Rafael Sanzio, que data de 1513-1514.

Es una pintura al óleo sobre tabla, de forma redonda (tondo) con unas dimensiones de 71 centímetros de diámetro. Se conserva en la Galería Palatina del Palacio Pitti de Florencia, Italia. Es una obra renacentista.

Muestra a la Virgen abrazando al Niño Jesús mientras que un joven Juan Bautista mira con devoción.

Esta obra fue pintada durante el periodo romano de Rafael. Parece que toma su inspiración para esta obra mientras transitaba por Velletri, representándose a la Virgen como una campesina del lugar. L. Bartelli y B. Pallotti afirman (*Gli Inediti di Velletri*) que Rafael quedó particularmente atraído por la belleza de una madre joven con su hijo, y que no teniendo con él los instrumentos de su oficio, esbozó con una tiza el retrato de la mujer con el niño en brazos. Así, en los rasgos de la Madre de Dios, se estarían reflejando los de una bella campesina velletrina.

Esta Virgen carece de la forma geométrica estricta y el estilo lineal de las madonas que había realizado antes el pintor, durante su periodo florentino. En lugar de ello, los colores más cálidos parecen sugerir la influencia de Tiziano y del rival de Rafael, Sebastiano del Piombo.

Bibliografía

- Biografía de Rafael Sanzio
- Madona de Casa Tempi - Wikipedia, la enciclopedia libre
- Madonna Tempi | artehistoria.com
- Museo del Arte: La Virgen de la silla - The Madonna of the Chair - Rafael Sanzio
- Rafael Sanzio, el artista universal
- Rafael Sanzio - Virgen con el Niño (Madonna Tempi)
- Rafael Sanzio - Wikipedia, la enciclopedia libre
- Virgen de la silla - Wikipedia, la enciclopedia libre
- Virgen de la silla, 1518 - Rafael Sanzio - WikiArt.org

Sobre del Primer Día

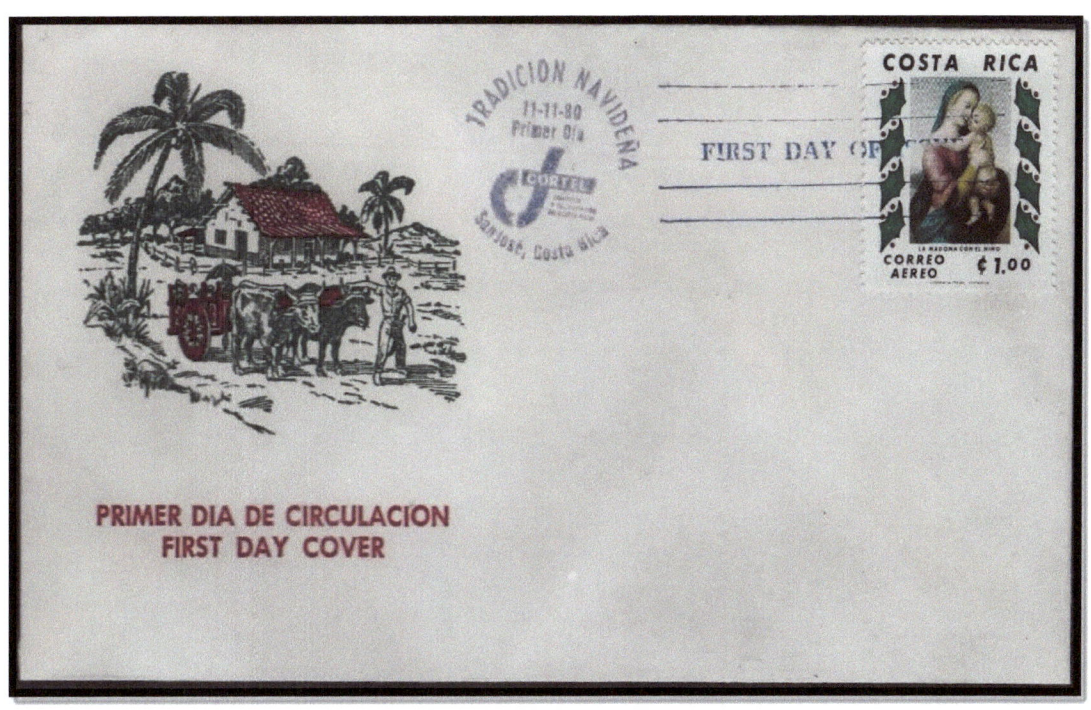

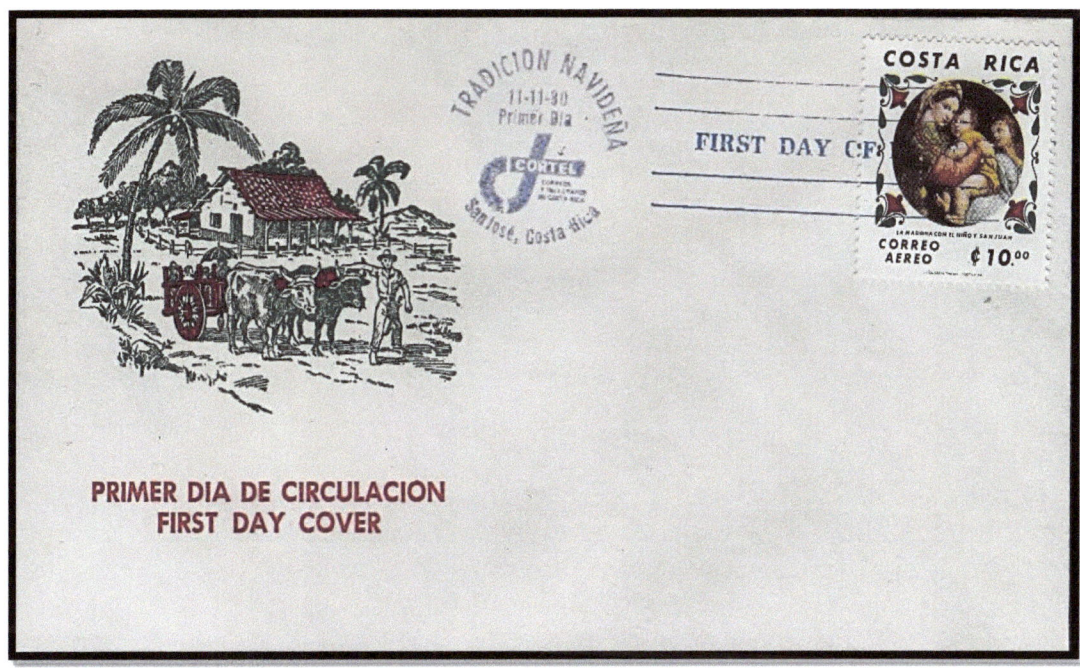

En el sobre del Primer Día se incluyó a uno de los símbolos más icónicos de Costa Rica. Según datos de la Organización de las Naciones Unidas para la Educación, la Ciencia y la Cultura (UNESCO), "la tradicional carreta de bueyes es el tipo de artesanía más famoso de Costa Rica. Desde mediados del siglo XIX, las carretas de bueyes eran utilizadas para transportar el grano de café desde el Valle Central de Costa Rica, en las montañas, a Puntarenas en la costa del Pacífico. Un viaje requería de 10 a 15 días. Las carretas de bueyes tenían ruedas sin radios, un híbrido entre el disco usado por los aztecas y la rueda de radios introducida por los españoles, para avanzar en medio del fango sin atascarse. En muchos casos, las carretas de bueyes eran el único medio de transporte de una familia y simbolizaban su estatuto social".

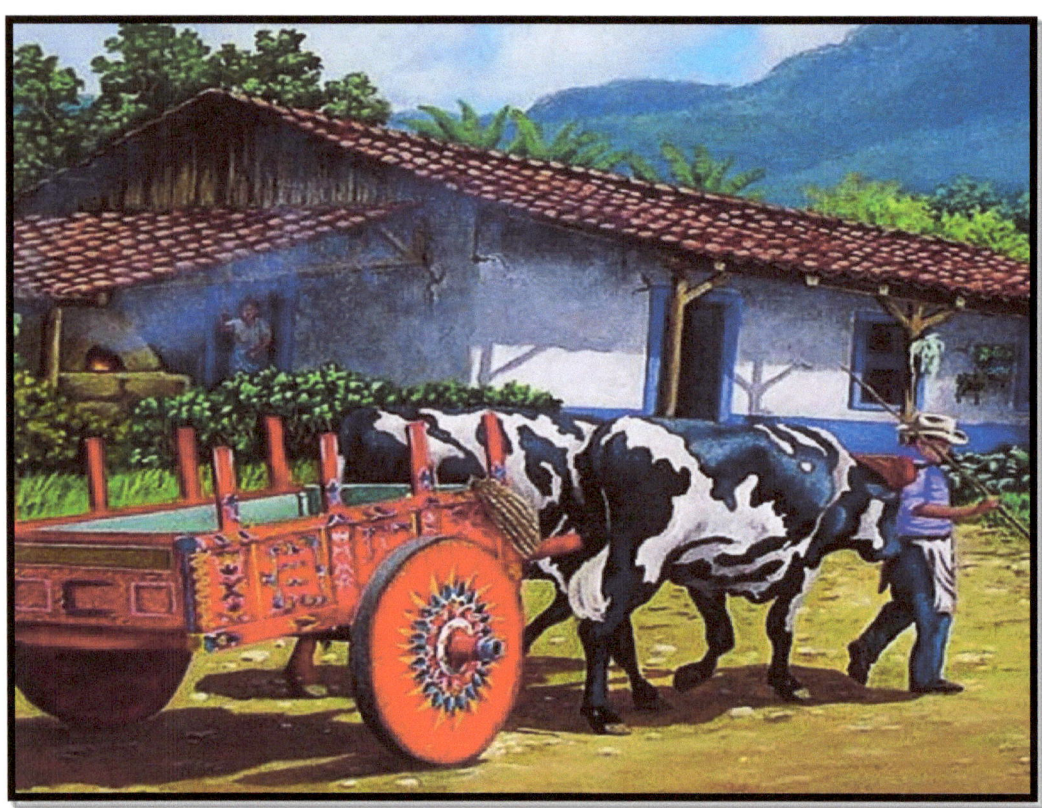

Según explicó el historiador Luis Sibaja Chacón, "la obra 'Boyeros, bueyes y carretas: Por la senda del patrimonio cultural', de las investigadoras Cecilia Dobles, Carmen Murillo y Giselle Chang, apunta que la tradición de pintar las carretas inició en Costa Rica a mediados del siglo XIX, cuando la exportación de café posibilitó la importación de diversos productos. Uno de ellos era el polvo de minio (óxido de plomo) que disuelto en aguarrás daba un color amarillo rojizo. Su utilización fue por razones muy prácticas, pues se procuraba preservar la madera de las carretas, en especial las ruedas, del duro clima tropical".

Es así como, para finales del siglo XIX o principios del siglo XX, inició la decoración de las carretas, con diferentes explicaciones sobre sus fuentes de inspiración. "Emilia Prieto señala un nexo con los diseños barrocos de la decoración de las iglesias, con sus recargados y coloridos motivos saturados de elementos vegetales. Otros autores, como Carlos Salazar Herrera, encuentran la inspiración del decorado de las carretas en el medio natural, en la rica y variada flora con la que conviven los campesinos", apuntó Sibaja Chacón.

"Aunque su era de oro haya concluido, la carreta es en nuestro país uno de los legados materiales más importantes heredados de nuestros ancestros y el símbolo nacional, sin temor a equivocarse, de su espíritu de trabajo y su humildad, que la ha dejado inscrita en el alma de los costarricenses (…). No solamente expresa folclore; aun cuando la sustituyen los modernos motores, todavía transita lentamente por los caminos. Su aroma no es solo de cafetal, también de trapiche y de leña; es la madrugadora, es la del sol cuando está en el cenit; infatigable por los caminos polvorientos o lodosos, por los trillos que se abrieron en la montaña virgen. Es también la asociación indisoluble de los bueyes y el boyero". (Costa Rica, sus símbolos nacionales, Ana Patricia Pacheco Ureña; Centro de Investigación y Conservación del Patrimonio Cultural, Primera Edición, 2010).

La carreta y los bueyes tuvieron gran relevancia para los antepasados, ya que representaron el medio de transporte del acarreo del grano de oro. Además, se constituyó en un puente de progreso, ya que, en su tiempo, fue la herramienta primordial para la construcción de edificaciones, templos y poblados y la recolección de los cultivos.

Bibliografía

- https://arteyculturacostarricenseaa02.blogspot.com/2020/03/boyeo-y-carretas.html
- https://es.wikipedia.org/wiki/Carreta_t%C3%ADpica_de_Costa_Rica
- https://www.mcj.go.cr/sala-de-prensa/noticias/el-boyeo-costarricense-una-tradicion-que-perdura-con-el-tiempo

V. Tradición Navideña 1983

CORTEL – Correos y Telégrafos de Costa Rica
Boletín Filatélico No. 145
Ministerio de la Gobernación y Policía
Dirección Nacional de Comunicaciones
Asesoría Filatélica

Tradición Navideña – "Portales"

Los costarricenses hemos heredado bellísimas tradiciones navideñas, la mayoría de ellas íntimamente ligadas con los ritos y costumbres de las celebraciones que para tales fechas la Iglesia Católica ha llevado a cabo a través de los tiempos pero que están profundamente arraigados en la sencillez y espontaneidad de nuestro pueblo cuya máxima representación cuenta con ese sabor campesino que se remonta en nuestra historia.

Una de las tradiciones que más puramente capta el alma tica es el portal; tradición que no solo refleja la devoción en Cristo y todo lo que Él representa, sino todo un proceso de creatividad artística para dejar patente de la mejor forma posible, el nacimiento de Jesús con todas las connotaciones que van desde la llegada a este mundo del Niño Dios, hasta la lección de humildad y espiritualidad que hemos olvidado y que tanto deberíamos recordar.

La Dirección Nacional de Comunicaciones consciente de todos los valores y connotaciones que el portal tiene para nuestra sociedad, ha querido brindar un pequeño aporte a nuestros valores y tradiciones poniendo en circulación una emisión de sellos postales, que de alguna manera exalta el sentir cristiano de nuestro pueblo.

Deseamos feliz navidad para todos recordando el pensamiento de que "los valores materiales se destruyen, pero los espirituales prevalecen ante toda adversidad."

Lic. Roberto Castro Chaves
Director de CORTEL

Emisión de sellos denominada "TRADICIÓN NAVIDEÑA - PORTALES". Autorizada por la Junta Filatélica de Costa Rica, en sesión No. 83-126 del 05 de octubre de 1983.

Fecha de emisión: 05-12-1983
Valores y tirada: 360.000 sellos de ₡ 1.50 (Serie total)   Multicolor
Lote A134
Tamaño y formato: 25 x 35mm, incluyendo perforación. Rectangular vertical.
Diseño: Portales de la Exposición del Club de Jardines de Costa en 1982
Papel: Estucado – engomado y tropicalizado
Pliegos: 60 sellos por pliego.
Matasellos: "Conmemorativo" y de "Primer Día"
Valor del Sobre Primer Día: ₡ 40.00
Sistema de impresión: Offset
Casa impresora: LIL S.A. (Litografía e Imprenta Lehmann)

SERIE TRADICIÓN NAVIDEÑA 1983 - PORTALES

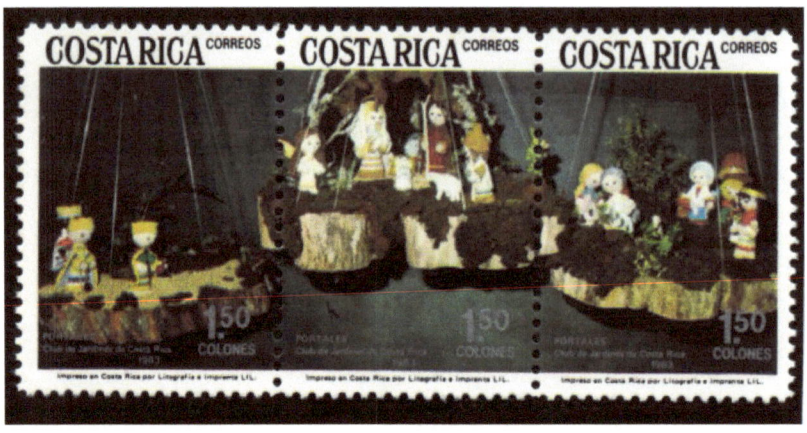

Tradición Navideña 1983	Portal 1 – Los Reyes Magos	Portal 2 – La Sagrada Familia	Portal 3 – Los Pastores
Código Catalogo	**Michel:** CR 1208 **Stamp Number:** CR 283 **Yvert et Tellier:** CR 367 **Stanley Gibbons:** CR 1328 **Scott:** 283	**Michel:** CR 1209 **Stamp Number:** CR 284 **Yvert et Tellier:** CR 368 **Stanley Gibbons:** CR 1329 **Scott:** 284	**Michel:** CR 1210 **Stamp Number:** CR 285 **Yvert et Tellier:** CR 369 **Stanley Gibbons:** CR 1330 **Scott:** 285
Tema	Navidad	Navidad	Navidad
Fecha de emisión	05-12-1983	05-12-1983	05-12-1983
Tamaño	30 x 40 mm	30 x 40 mm	30 x 40 mm
Colores	Multicolor	Multicolor	Multicolor
Imprenta	Litografía LIL, Costa Rica	Litografía LIL, Costa Rica	Litografía LIL, Costa Rica
Formato	Sello	Sello	Sello
Emisión	Conmemorativa	Conmemorativa	Conmemorativa
Marca de agua	Ninguna	Ninguna	Ninguna
Perforación	línea 13¼	línea 13¼	línea 13¼
Impresión	Litografía offset	Litografía offset	Litografía offset
Valor facial	1.50 ₡ - Colón Costarricense	1.50 ₡ - Colón Costarricense	1.50 ₡ - Colón Costarricense
Puntuación	77% Precisión: Media	84% Precisión: Media	82% Precisión: Media
Variantes	Ninguna	Ninguna	Ninguna

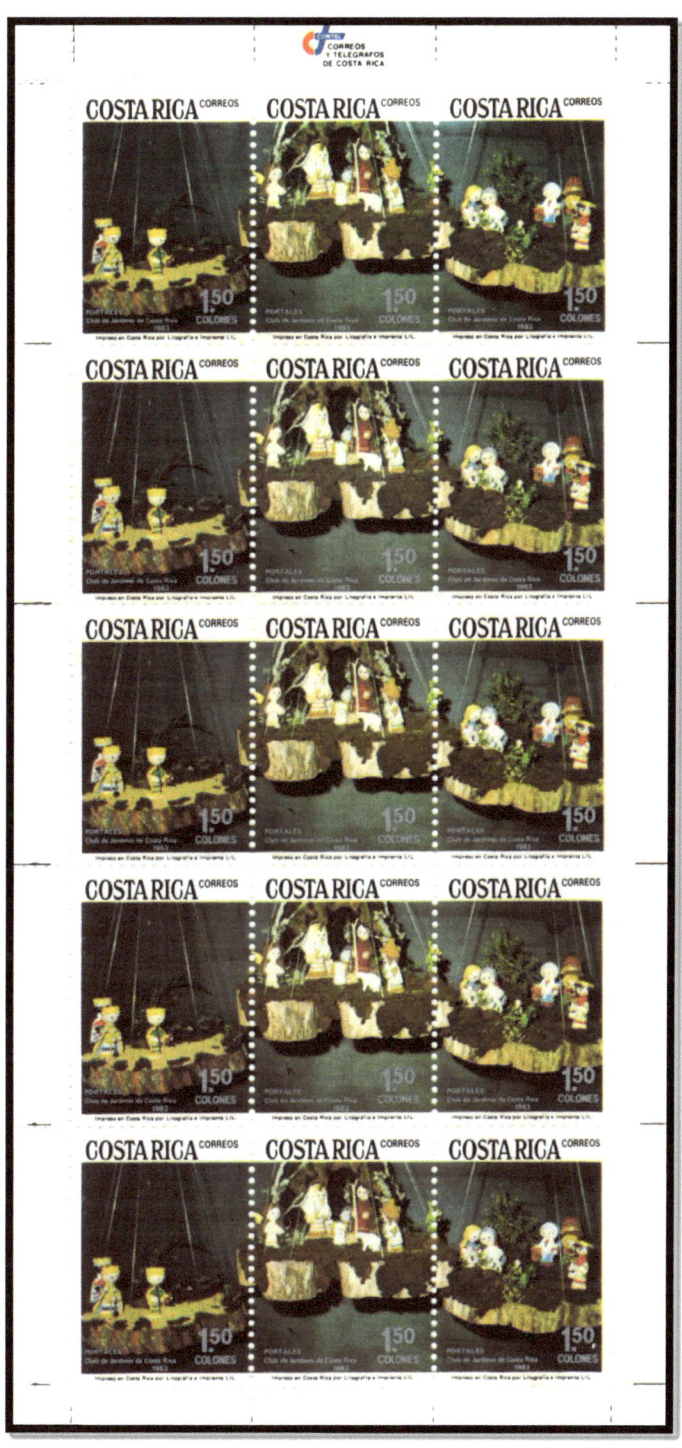

Tablero de la Natividad en Diseño Continuo

Navidad 1983	Portales
Código Catalogo	**Michel:** CR 1208-1210 **Stamp Number:** CR 285a **Yvert et Tellier:** CR 367-369 **Stanley Gibbons:** CR 1328a **Scott**: 283-285
Tema	Navidad
Fecha de emisión	05-12-1983
Tamaño	30 x 40 mm
Colores	Multicolor
Imprenta	Litografía LIL, Costa Rica
Formato	Se-tenant, tira de tres sellos
Emisión	Conmemorativa
Marca de agua	Ninguna
Perforación	línea 13¼
Impresión	Litografía offset
Valor facial	3*1.50 ₡ - Colón Costarricense
Puntuación	82% Precisión: Media
Variantes	Ninguna

Sobre del Primer Día

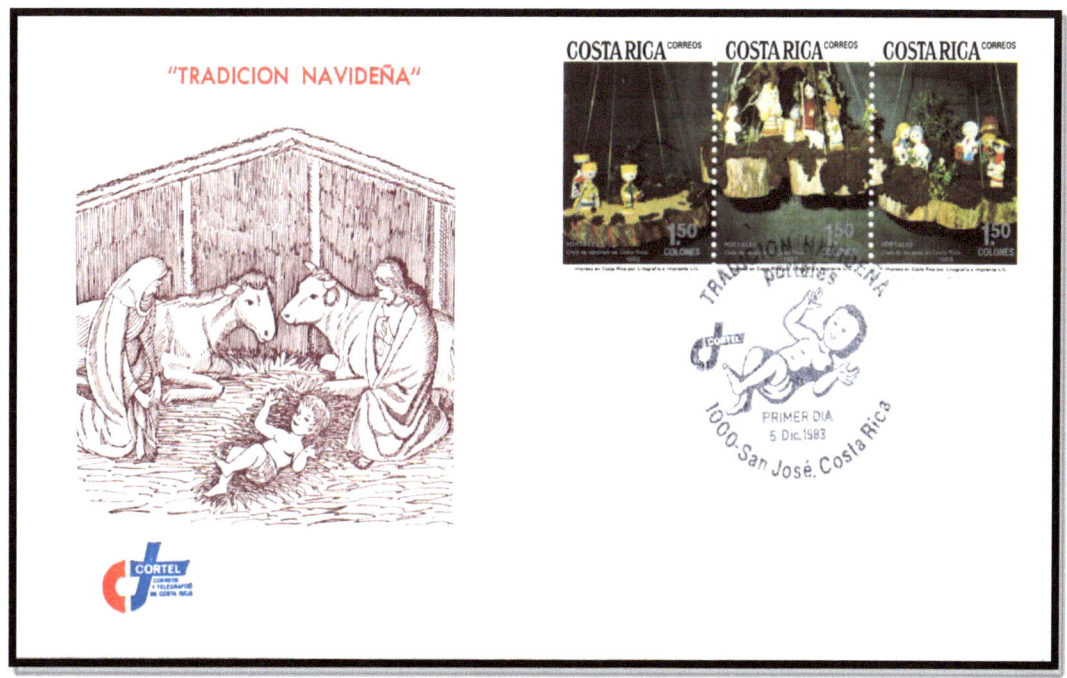

El portal o pasito navideño en Costa Rica

La tradición del pesebre evoca el nacimiento Cristo Jesús. De acuerdo con los especialistas, su origen tiene más de ocho siglo y comenzó con San Francisco de Asís a quien se atribuye haber realizado el primero en *Greccio* (Italia) en 1223.

El paso o pasito navideño es una denominación muy particular en la cultura costarricense, refiere a cinco figuras principalmente: el Niño Jesús, la Virgen María, San José, la mula y el buey. Dicha escena se completa con la colocación del Ángel de Gloria, los Tres Reyes Magos, la Estrella del Niño, pastores y ovejas; así como animales domésticos, propios de las granjas costarricenses.

Es importante resaltar que la diversidad de los objetos e imágenes que se colocan en el portal, no necesariamente guardan una relación proporcional entre los tamaños o dimensiones que posee la escena del Nacimiento, por lo que es normal las ovejas y gallinitas más grandes que el mismo pastor, e incluso, una proporción mayor de la figura del Niño Jesús. Lo importante es decorar el portal con figuras y objetos vistosos, los cuales, no solo acompañan la escena, sino también, honran tan importante acontecimiento.

Algunas curiosidades de la tradición del pasito costarricense. La costumbre dicta que el pasito no se debe comprar, la familia debe recibir como regalo el pasito, con lo cual tendrá prosperidad y será bendecida. Por otro lado, si la familia coloca el pasito a ras del suelo, es con la intención de solicitar la mediación de la Sagrada Familia para que Dios les repare una casa propia.

El portal costarricense se acompaña de elementos naturales, por lo que es común que se integre musgo o aserrín, fondos de papel, plantas, troncos, rocas, cohombros o ramitas de ciprés que aportan aroma, ofrendas de alimentos como: racimos de guineos, ayotes, granos de café, frijoles, arroz, maíz, y otros por el estilo; además de luces de colores que lo harán aún más vistoso.

Bibliografía

- https://historiauned.net/profesor/editar/1036-divulgacion-historica-acerca-de-la-tradicion-de-los-portales-o-pasitos
- https://radiosancarlos.co.cr/el-portal-una-tradicion-arraigada-en-costa-rica-que-recobra-vigencia/
- https://www.periodicomensaje.com/cultura/10154-el-portal-una-tradicion-arraigada-en-costa-rica

Club Jardines de Costa Rica

Para hablar del Club de Jardines de Costa Rica hay que mencionar a uno de sus más grandes contribuyentes, el naturalista, botánico y orquideólogo inglés, Charles Herbert Lankester (1879-1969).

A principios de los años 1900, se traslada a Costa Rica fue contratado para trabajar como asistente en la recién fundada "*Sarapiquí Coffee Estates Company*", proyecto que no prosperó por ser una región muy húmeda para la producción del café.

Se casa en Inglaterra con Dorothea Mary Hawker Harvey en junio de 1908. Poco después se traslada para vivir de forma definitiva en Costa Rica.

La familia adquirió unos terrenos en Cachi, Cartago para cultivarlos como explotación cafetera. El negocio fue prosperando y Charles H. Lankester, apasionado de la naturaleza y sobre todo de las orquídeas, fue coleccionando orquídeas que recolectaba de la zona, en un jardín que poco a poco fue ampliando.

En 1938 se establece el *Garden Club* de Costa Rica (posteriormente *Garden Club* de San José), con Lankester como uno de sus miembros

Luego, en 1943 Lankester participa en el *First International Orchid Congress* en Tuxtla Gutiérrez, Chiapas, México, como miembro de la comisión de Costa Rica (junto con el Lic. Claudio Escoto León, asesor legal del Ministerio de Agricultura e Industrias), y brinda una presentación sobre las Cattleyas de Costa Rica.

Ese mismo año se realiza la primera exposición de flores de Costa Rica en el Teatro Nacional, organizada por el *Garden Club* de Costa Rica, y Lankester participa con sus orquídeas; el *Garden Club* continuó organizando exposiciones anuales de flores durante varias décadas.

Como botánico aficionado, colaboró con los orquideólogos más notorios de su tiempo y dedicó su vida a la creación de un jardín privado en su finca. Después de su muerte, la importancia de preservar su jardín llegó a ser evidente. Con los esfuerzos comunes de la *American Orchid Society* (*Sociedad estadounidense de orquídeas*) y de la asociación *Stanley Smith Horticultural Trust*, el jardín fue donado a la Universidad de Costa Rica el 2 de marzo de 1973, con la promesa de transformarlo en un jardín botánico.

El Jardín Botánico de Lankester se ha convertido en una de las instituciones botánicas más activas e importantes del Neotrópico, promoviendo la conservación de las orquídeas de Costa Rica.

Actualmente el Club Jardines de Costa Rica, se llama Federación de Clubes de Jardines de Costa Rica y está integradas por filiales de los Clubes Jardines de Alajuela, Ciudad Quesada, Desamparados, Guápiles, Grecia, San Ramón y Heredia; además del Consejo de Jueces de Arreglos Florales y Horticultura de Costa Rica

Bibliografía

https://www.facebook.com/p/Federaci%C3%B3n-Clubes-De-Jardines-de-Costa-Rica-Oficial-100069056466868/?locale=es_LA
https://www.revistas.una.ac.cr/index.php/ambientales/article/view/11378/14683
https://www.revistas.ucr.ac.cr/index.php/lankesteriana/article/view/58040/58652
https://es.wikipedia.org/wiki/Charles_H._Lankester
https://es.wikipedia.org/wiki/Jard%C3%ADn_Bot%C3%A1nico_Lankester

Artículo - Revista de Agricultura (1983)
Brillante Exposición Floral hizo el Garden Club de Costa Rica en el Club Unión

La labor admirable que vienen realizando las beneméritas damas del Garden Club de Cosar Rica y, una vez más tenemos que destacar las preocupaciones de las socias de esta Institución que tuvo lugar en el Club Unión el primer sábado de diciembre.

El alto sentido artístico de las exposiciones anteriores se había presentado esto dio motivo para que en la planta alta del Club Unión se admirarán joyas preciadas de exquisitez, en que fundía toda la gloria maravillosa de nuestros mejores jardines, juntamente con la feliz disposición dad a todos y cada uno de los búcaros, mesas y grupos expuestos. Allí estaba aprisionada la luminosidad grandiosa de los cármenes tropicales, la serena belleza de los jardines nórdicos y la hechizante gracia de las gentiles socias del Garden Club que iban explicando con suaves palabras a los concurrentes el por qué de aquellos motivos ornamentales tan preciosos. Se dice que diciembre es mes de esperanzas y de alegría y el Garden Club trajo a nuestra imaginación toda la espléndida primavera de color, de perfume y encanto, que adivinamos cuando se sueña con esa esperanza quimérica y alegre del Empíreo.

El Club Unión fue la sede de esa exposición tan bella que va tomando carácter de tradicional gracia al esfuerzo constructivo de las socias del Garden Club a quienes nuestra Revista envía el mensaje de su calurosa congratulación y su más expresivo reconocimiento, por la hermosa labor que van desarrollando y que poco a poco, como la onda que emerge del centro de un estanque va ampliando su círculo de beneficiosa acción, siendo ya varias las filiales que el Garden Club tiene en el país.

VI. Tradición Navideña 1984

CORTEL – Correos y Telégrafos de Costa Rica
Boletín Filatélico No. 155
Ministerio de la Gobernación y Policía
Dirección Nacional de Comunicaciones
Asesoría Filatélica

Tradición Navideña - Angelitos

Una vez más corresponde a esta Junta Filatélica participar con el pueblo Costarricense en una de las festividades que se celebra con más sentimiento religioso y apego a las tradiciones de gran valor y colorido nacional; nos referimos claro está a la Navidad.
Hemos seleccionado en esta ocasión para conmemorar tan importante evento poner a circular Sellos Postales con la representación de dos "Angelitos" y qué mejor consideración para recordar el nacimiento del niño Dios, que como ejemplo de inocencia y pureza encontramos en los niños, sino Angelito?
Pero también valga la oportunidad para realizar un autoanálisis y preguntarse en qué medida participamos los adultos para cultivar la alegría infantil, no solo en esta eventualidades sino en todos los días del año. Ciertamente la alegría de la Natividad se percibe en el ambiente, pero también es cierto que mucho de ese jolgorio se circunscribe a la actividad material que alrededor de tan profundo y feliz acontecimiento, hemos creado con nuestra mentalidad pagana y ambición de lucro: y es aquí donde la felicidad de muchos niños se convierte en tristeza, frustración y resentimiento de tantos otros.
Queremos rendir homenaje a la infancia de nuestra Sociedad y a todos los niños del mundo, y no sólo a los de esta generación, sino rompiendo las barreras del tiempo y espacio, y que mejor regalo, que el obsequio espiritual que implica olvidarnos por un momento de egoísmos y jactanciosa hipocresía para pensar que también fuimos niños y que igualmente experimentamos sensaciones tristes y alegres, pero que nosotros podemos contribuir para que muchos de ellos, no importa de qué edad, color, tamaño o procedencia social puedan disfrutar de una Navidad como la que deseamos para los nuestros.
Lic. Roberto Castro Chaves
Director de CORTEL

Emisión de sellos denominada "TRADICIÓN NAVIDEÑA - ANGELITOS". Autorizada por la Junta Filatélica de Costa Rica.

Fecha de emisión:	07-12-1984
Valores y tirada:	1.000.000 sellos de ₡ 3.00 Multicolor Lote A144
	1.000.000 sellos de ₡ 3.00 Multicolor Lote A145
	Cada uno de los fragmentos de la Virgen Sixtine (#2)
Tamaño y formato:	26 x 38mm, para los sellos, sin incluir perforación. Rectangular vertical.
Leyenda:	Como se aprecia en la parte superior del sello la palabra COSTA RICA, y debajo "Correos 1984". Hacia la derecha el valor de ₡ 3.00, y debajo de este la palabra "colones". En la base de los sellos las leyendas de los motivos.
Papel:	goma tropicalizada
Pliegos:	100 sellos por pliego
Matasellos:	"Conmemorativo"

Sistema de impresión: Offset
Casa impresora: Casa gráfica, San José

Tradición Navideña 1984. Fragmentos de la Virgen Sixtina, de Rafael.

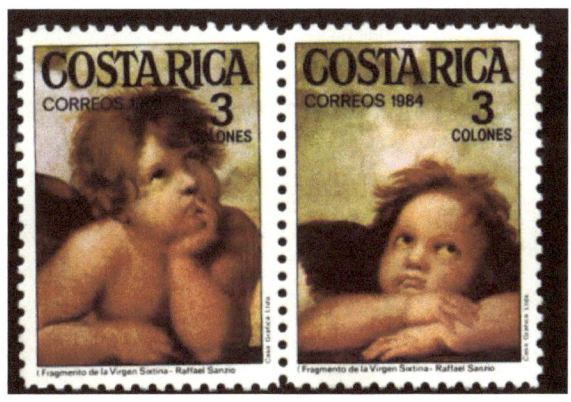

Tradición Navideña 1984	1er Ángel	2do Ángel	Pareja de Ángeles
Código Catalogo	**Michel:** CR 1240 **Stamp Number:** CR 315 **Yvert et Tellier:** CR 400 **Stanley Gibbons:** CR 1363 **Scott:** 315	**Michel:** CR 1241 **Stamp Number:** CR 316 **Yvert et Tellier:** CR 401 **Stanley Gibbons:** CR 1364 **Scott:** 316	**Michel:** CR 1240-1241 **Stamp Number:** CR 316a **Yvert et Tellier:** CR 400-401 **Stanley Gibbons:** CR 1363a **Scott:** 315-316
Tema	Navidad	Pinturas	Ángeles	Arte	Navidad	Pinturas	Ángeles	Arte	Navidad	Pinturas	Ángeles	Arte
Fecha de emisión	07-12-1984	07-12-1984	07-12-1984
Tamaño	34 x 39 mm	34 x 39 mm	34 x 39 mm
Colores	Multicolor	Multicolor	Multicolor
Imprenta	Casa Grafica, San José	Casa Grafica, San José	Casa Grafica, San José
Formato	Sello	Sello	Se-tenant Unidos entre si
Emisión	Conmemorativa	Conmemorativa	Conmemorativa
Perforación	línea 10½	línea 10½	línea 10½
Impresión	Litografía offset	Litografía offset	Litografía offset
Valor facial	3.00 ₡ - Colón Costarricense	3.00 ₡ - Colón Costarricense	2*3.00 ₡ - Colón Costarricense
Puntuación	48% Precisión: Media	49% Precisión: Media	63% Precisión: Media
Variantes	Ninguna	Ninguna	Ninguna

La Madonna Sixtina

La Madonna Sixtina es un cuadro del artista renacentista italiano Rafael, pintado entre 1513 y 1514 aproximadamente. Se conserva en la Gemäldegalerie Alte Meister de Dresde (Alemania).

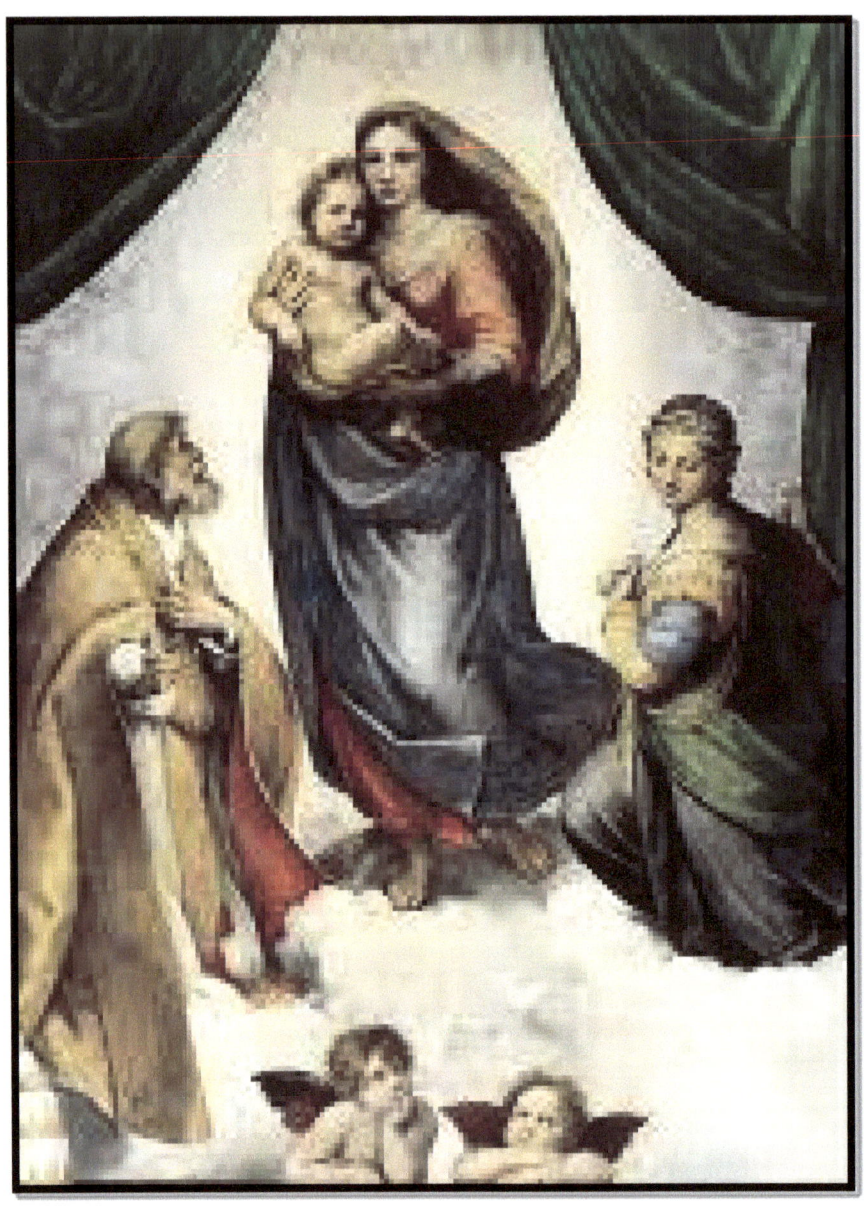

Se cree que el cuadro fue pensado para decorar la tumba del Papa Julio II, pues San Sixto era el Santo Patrón de la familia Della Rovere y Santa Bárbara y los dos ángeles (en la parte inferior del lienzo) simbolizan la ceremonia del funeral.

El óleo estuvo en el convento de San Sixto en Piacenza hasta que fue vendido en 1753 por los monjes a Augusto III de Polonia, quien pagó por él 25.000 escudos romanos. Desde 1754 se encuentra en la Gemäldegalerie Alte Meister de Dresde (Alemania). Tras la Segunda Guerra Mundial fue trasladado a Moscú, posteriormente fue devuelto a Dresde (Alemania).

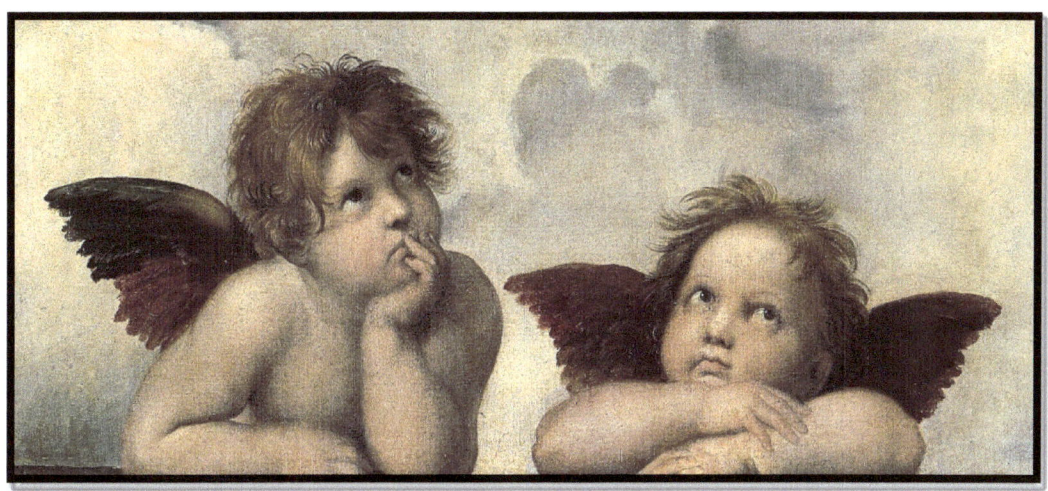

Los querubines no es un cuadro en sí mismo sino parte de una obra de Rafael, y que estos traviesos y aburridos ángeles han sido muy utilizados por la publicidad y el comercio debido a sus irresistibles encantos. Estos putti (angelotes) son un tipo de ángel que apareció por primera vez durante el Renacimiento.

Derivado del término italiano para "niño", el putto, con su alegría regordeta y sensual, sigue la tradición de Eros o Cupido, el dios del amor. En los escritos y representaciones antiguas, se retrataba a Eros como un niño con alas, a veces esbelto otras más rellenito. El aspecto infantil de los angelotes italianos expresa su inocencia. En relación con la Virgen, representan la pureza inmaculada de la Reina de los ángeles y los hombres.

Los ángeles se inclinan ante ti en una ceremonia solemne y los santos rezan por donde pasas:

Gloria a la Reina de los Cielos! En ti resuena la lira de las esferas, afinada por Dios. Tu espíritu mira fijamente, de manera divina, a través del velo de tu radiante y luminosa figura. Llevas un niño de sublime omnipotencia, vencedor de la muerte y salvador del mundo.

August Wilhelm von Schlegel, Soneto a la Madonna Sixtina. h. 1840

Estos dos pequeños y pensativos querubines se encuentran apoyados en la repisa de una ventana imaginaria al mismo nivel de la tiara del papa en el extremo izquierdo. Como les mencioné anteriormente, estos niños con alas tienen más en común con la mitología del "putti" que con "querubines" de Iglesia. Su presencia y expresión añade un toque de ligereza humana a la obra.

Bibliografía

- https://arquitecturaycristianismo.com/2017/02/21/la-madonna-sixtina-de-rafael-sanzio/
- https://historia-arte.com/obras/rafael-madonna-sixtina
- https://www.marisolroman.com/publicaciones/la-madonna-sixtina-1483-1520

Sobre del Primer Día

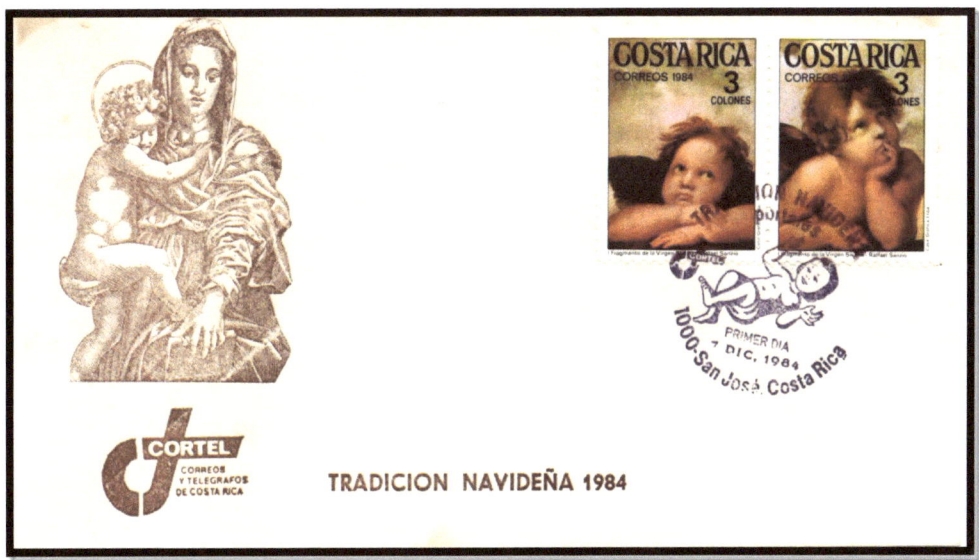

En el sobre del Primer Día en su extremo superior izquierdo se encuentran los dos sellos correspondientes de la edición Tradición Navideña 1984, con su matasello conmemorativo. En el lado derecho lleva el dibujo de la Virgen con el niño, basada en la escultura de autor desconocido, que estuvo inspirado en la escuela de italiana de maestro Rafael.

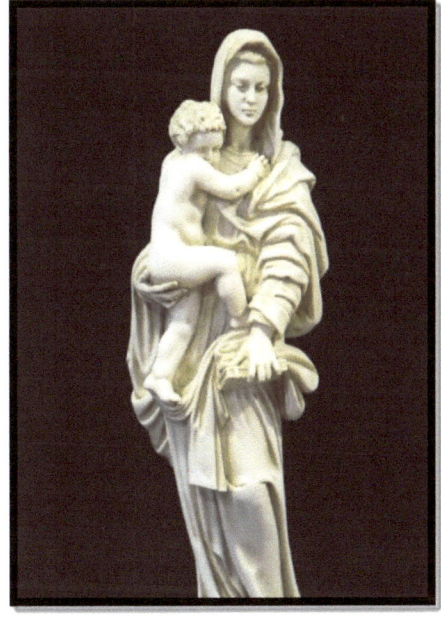

El artista Rafael Sanzio realizó más de 100 pinturas religiosas, muchas de ellas de la Virgen con el Niño. Entre ellas, y posiblemente de inspiración al arriba mencionado escultor, se encuentra:

La Virgen con Niño (Madona del gran duque) (en italiano *Madonna del granduca*) es una pintura del artista del Alto Renacimiento italiano Rafael Sanzio, que data hacia 1505. Es una pintura al óleo sobre tabla con unas dimensiones de 84 cm de alto y 55 cm de ancho. Se conserva en la Galería Palatina del Palacio Pitti, en Florencia, Italia.

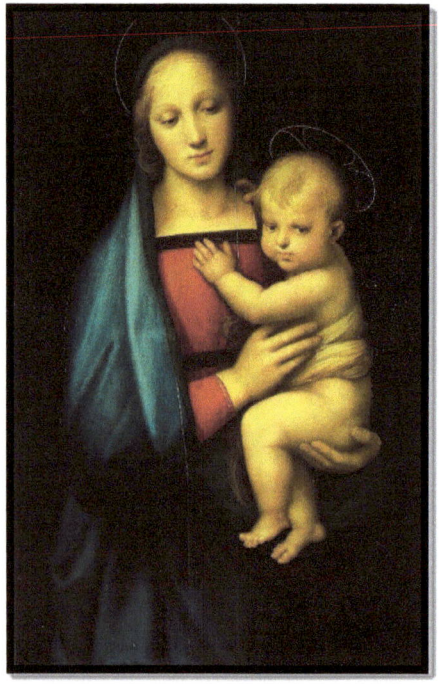 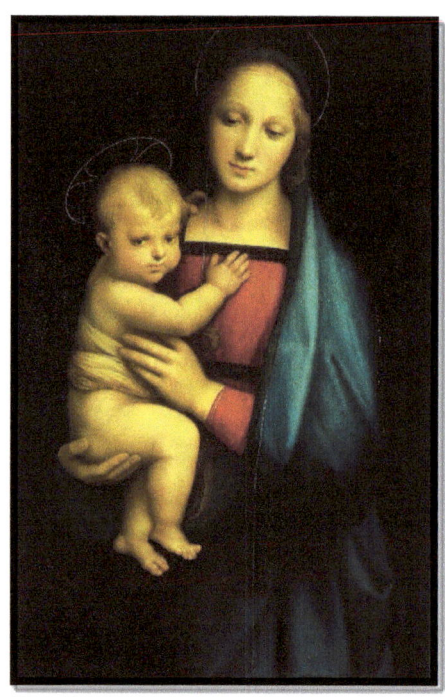

Original   Imagen Invertida

La primera noticia que se tiene de este cuadro es del 23 de noviembre de 1799 cuando el director de la Galería de los Uffizi escribió al gran duque Fernando III que había adquirido esta obra de un comerciante de Florencia.

Intervino el duque y pocos meses después la tela entró a formar parte de la colección del palacio Pitti. Por haber pertenecido a Fernando III, Gran Duque de Toscana, se la conoce como Madona del gran duque.

Probablemente fue pintada en el año 1505, poco después de que Rafael llegase a Florencia. La influencia de Leonardo da Vinci, cuyas obras consiguió conocer allí, puede verse en el uso del esfumado.

El Retablo de Ansidei, La Pala Ansidei o Madona de los Ansidei (La Virgen entre san Juan Bautista y san Nicolás de Bari) es una pintura del artista renacentista italiano Rafael Sanzio, que data hacia 1505-1506. Es una pintura al óleo sobre madera de álamo con unas dimensiones de 274 centímetros de alto y 152 cm de ancho. Se conserva en la National Gallery de Londres, Reino Unido.

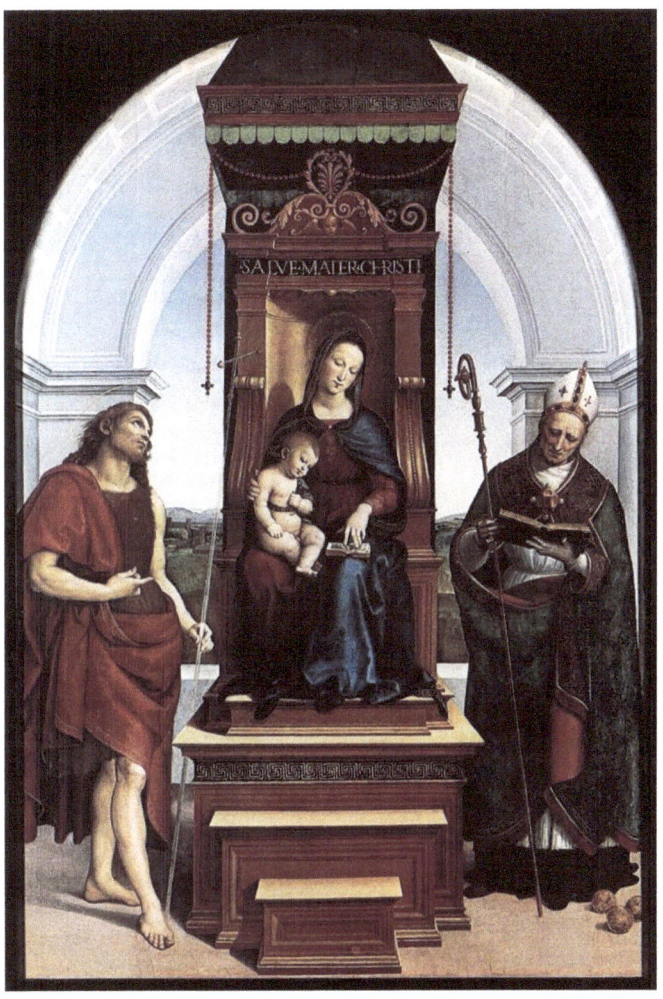

La pintura se ejecutó en origen para una capilla privada de la familia Ansidei en la iglesia de San Fiorenzo dei Serviti en Perugia. Sin embargo, pronto fue sustituida por una copia de Nicola Monti, mientras que el original acabó por formar parte de la colección de Lord Robert Spencer, para pasar al final a la del Duque de Marlborough en el Palacio de Blenheim y de aquí a la Galería Nacional de Londres en el año 1885. Muestra a la Virgen María sentada sobre un trono de madera, con el Niño Jesús en su regazo. A su derecha está san Juan Bautista, en veneración de la Virgen, y a su izquierda está leyendo un libro san Nicolás de Bari.

Bibliografía

- https://artehistoria.com/obras/virgen-con-nino-y-santos-retablo-ansidei
- https://es.wikipedia.org/wiki/Madona_del_gran_duque
- https://es.wikipedia.org/wiki/Madona_de_los_Ansidei
- https://es.m.wikipedia.org/wiki/Archivo:PalaAnsidei.jpg

VII. Tradición Navideña 1985

Dirección General de Correos de Costa Rica – Departamento Filatélico
Boletín Filatélico No tiene

La nueva emisión de sellos denominada "TRADICIÓN NAVIDEÑA 1985". Autorizada por resolución de la Junta Filatélica # 13-85, del 05 de noviembre de 1985.
Fecha de emisión: 12-12-1985
Tamaño de formato: 26 x 39mm. Rectangular vertical. 100 por pliego.
Matasello: Conmemorativo.
Tiraje: 2.000.000 de sellos
Tipo de goma: Tropicalizada.
Colores: Multicolores
Diseños: El sello de ₡ 3.00   Niños mirando la Estrella de Belén   Lote A153a
Sistema de impresión: Offset
Casa impresora: Casa Gráfica Ltda., San José

Tradición Navideña 1985 – Estrella de Belén

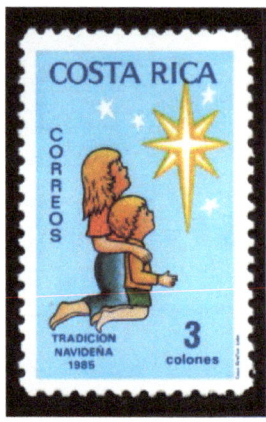

Tradición Navideña 1985	Niños mirando la estrella de Belén
Código Catalogo	**Michel:** CR 1260 **Stamp Number:** CR 338A **Yvert et Tellier:** CR 421 **Stanley Gibbons:** CR 1384 **Scott**: 338A
Tema	Navidad / Niños / Estrella
Fecha de emisión	12-12-1985
Tamaño	26x 39 mm
Colores	Multicolor
Imprenta	Casa Grafica, San José
Formato	Sello
Emisión	Conmemorativa
Marca de agua	Ninguna
Perforación	línea 10½
Impresión	Litografía offset
Valor facial	3.00 ₡ - Colón Costarricense
Puntuación	31% Precisión: Media
Variantes	Ninguna

La estrella de Navidad o estrella de Belén fue el astro que guio a los Reyes Magos hasta el lugar donde nació Jesús. Para el cristianismo está simboliza la fe, la esperanza y la luz que nos guía en nuestro camino hacia Dios. Igualmente está asociada con el espíritu de celebración y con grandes ilusiones.

Sobre Primer Día – No hubo

VIII. Tradición Navideña 2000

Correos de Costa Rica
Comisión Técnica Filatélica
Boletín Filatélico No. 293

Tradición Navideña

Emisión de sello denominada "TRADICIÓN NAVIDEÑA ".
Autorizada por acuerdo N° 797-2000, tomado de la sesión de Junta Directiva N° 140 del 30 de Marzo, 2000.

Fecha de emisión:	Diciembre 2000
Motivo de los sellos:	Ilustración alusiva al tema
Valores y tirada:	100.000 sellos de ₡ 100 Multicolor Lote A253
Tamaño y formato:	25 x 50mm, incluyendo perforación. Rectangular vertical
Ilustración:	Vicky Ramos, con la colaboración de Daniel Villalobos
Pliegos:	100 sellos por pliego numerados consecutivamente
Matasellos:	Alusivo al tema
Sobres Primer Día:	1.500
Boletines filatélicos:	3.000
Impresión:	Offset
Tintas:	Cuatricromía
Casa impresora:	Litografía e Imprenta Lehmann (Lil S.A.)

Tradición Navideña 2000. Celebración

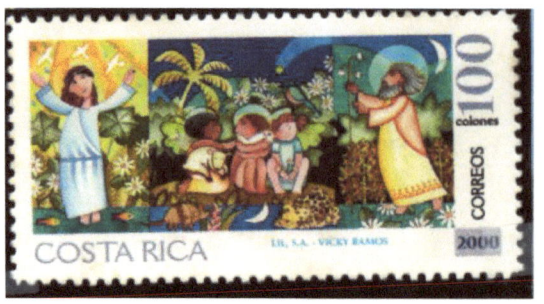

Tradición Navideña 2000	Tradición Navideña
Código Catalogo	**Michel:** CR 1543 **Stamp Number:** CR 542 **Yvert et Tellier:** CR 687 **Stanley Gibbons:** CR 1695 **Scott**: 542
Tema	Navidad
Fecha de emisión	Diciembre 2000
Tamaño	25x 50 mm
Colores	Multicolor
Imprenta	Litografía LIL, Costa Rica
Formato	Sello
Emisión	Conmemorativa
Marca de agua	Ninguna
Perforación	línea 13¼
Impresión	Litografía offset
Valor facial	100 ₡ - Colón Costarricense
Puntuación	80% Precisión: Media
Variantes	Ninguna

Virginia Ramos Quesada

Virginia Ramos Quesada (San José, 26 de febrero de 1960), conocida como Vicky Ramos, es una ilustradora y autora costarricense que destaca por su trayectoria internacional. Asimismo, es reconocida como una de las maestras emblemáticas y pioneras de la ilustración en Costa Rica por su trabajo en esta área desde los años 70. Para esta autora: "La fantasía es un derecho de todos los niños. Este pensamiento es un motor en mi trabajo; quisiera que todos soñaran con la misma libertad que yo lo pude hacer, para que lo fantástico y lo maravilloso pueda estar en los lugares más profundos del alma."

Durante su carrera, ha acumulado más de 80 títulos, entre obras literarias y libros de texto, logrando importantes reconocimientos dentro y fuera de Costa Rica, nominada dos veces, 1992 Alemania y 1997 Nueva Delhi, en la Lista de Honor del Ibby, en 1997 se le otorga la Distinción "Juan Manuel Sánchez" y ese mismo año gana el Premio Nacional Aquileo J. Echeverría en Artes Plásticas en Dibujo.

https://es.wikipedia.org/wiki/Vicky_Ramos
https://si.cultura.cr/personas/vicky-ramos-quesada

Daniel Villalobos Gamboa

Daniel Villalobos Gamboa nació en San José, Costa Rica, en 1960. Es diseñador gráfico, ilustrador y docente universitario. Tiene una Maestría en Tecnología Educativa con la Universidad Estatal a Distancia de Costa Rica y un Doctorado en Educación con la Nova Southeastern University, de los Estados Unidos.

Con Radio Nederland Training Centre publicó La telaraña, texto que acerca a los niños al uso de la web y Global Editora, de Brasil, publicó Amalú perdeu um botão. Su objeto de estudio ha sido la alfabetización visual, especialmente en entornos de aprendizaje.

La artística: Daniel pinta al óleo y al acrílico; es ilustrador, y se considera un narrador de historias, especialmente para niños, capacidad que desarrolló gracias a sus hijos desde que estos eran pequeños y aún no leían. Ha publicado el álbum ilustrado "Amalú Perdeu Um Botão" (2013) con Global Editora de Brasil, con actividades para estimular la percepción visual en infantes de edad escolar. También ha publicado "El nuevo sombrero de la Bruja" (2020) con la Editorial Costa Rica y "¿Un reino sin unicornios?" (2023) con Amazon.

https://www.facebook.com/lamesadelosdibujos/posts/daniel-villalobos-gamboa-san-jos%C3%A9-1960-dos-facetas-con-la-misma-pasi%C3%B3n-la-acad%C3%A9m/117328304789066/

Sobre del Primer Día

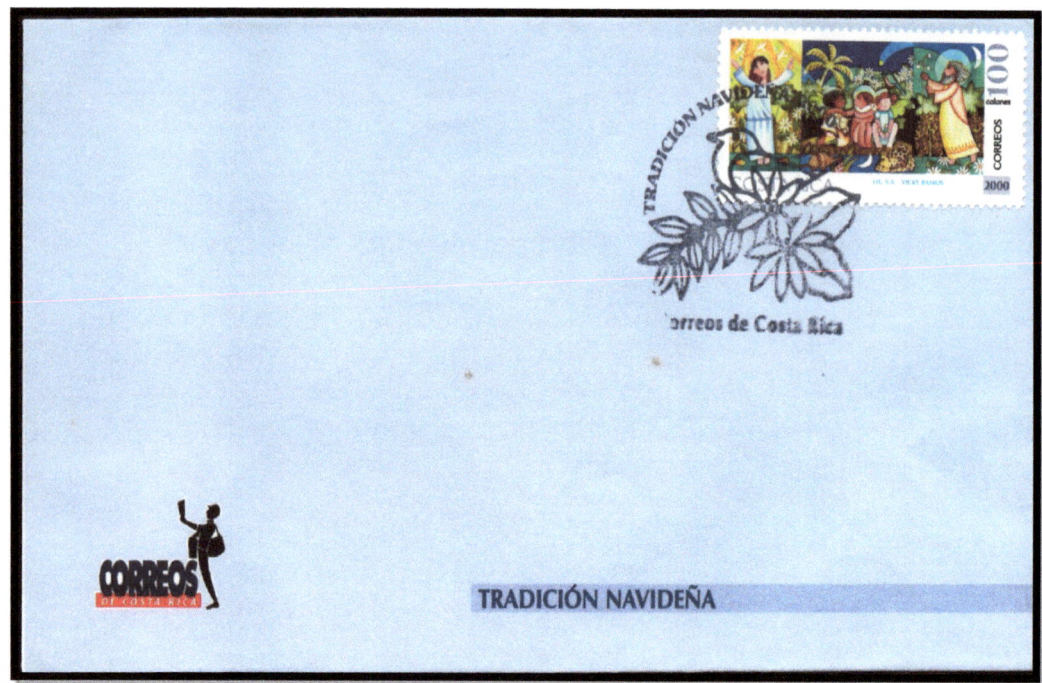

El sello postal fue seleccionado de una obra plástica de la pintora Vicky Ramos, que hace recordar la inocencia y la pureza en un espléndido trabajo muy representativo de la época navideña. Por lo que Correos de Costa Rica se decide por la misma con la finalidad que esta festividad se celebre con un mayor sentimiento religioso y apego a las tradiciones de gran valor y colorido nacional.

En el sobre del Primer Día, el matasello se puede identificar una paloma posada en una rama de olivo, que tiene un significado bíblico de pasa y amor.

www.ingramcontent.com/pod-product-compliance
Lightning Source LLC
Chambersburg PA
CBHW051208220526
45473CB00003B/947